# ELEGANTNA KUHARICA IZ ŠIFONA

Obvladajte umetnost lahkih in zračnih užitkov s 100 dekadentnimi recepti

Ema Žagar

Avtorski material ©2024

Vse pravice pridržane

Nobenega dela te knjige ni dovoljeno uporabljati ali prenašati v kakršni koli obliki ali na kakršen koli način brez ustreznega pisnega soglasja založnika in lastnika avtorskih pravic, razen kratkih citatov, uporabljenih v recenziji . Ta knjiga se ne sme obravnavati kot nadomestilo za zdravniški, pravni ali drug strokovni nasvet.

# KAZALO

KAZALO ..................................................................................... 3
UVOD ........................................................................................ 6
## ŠIFONSKI KOLAČKI ............................................................ 7
   1. Šifon kolački Dragon Fruit ............................................. 8
   2. Hokkaido šifon kolački .................................................. 10
   3. Marmorni šifon kolaček ................................................ 13
   4. Lemon Chiffon Cupcakes ............................................. 16
   5. Čokoladni šifon kolački ................................................ 19
   6. Šifon kolački z jagodno torto ....................................... 21
   7. Šifon kolački Orange Blossom ..................................... 24
   8. Šifon kolački Matcha zelenega čaja ............................. 26
   9. Kokosovi šifon kolački .................................................. 28
   10. Šifon kolački iz vanilijevega fižola ............................. 30
   11. Šifon kolački s sivko in medom ................................. 32
   12. Šifon kolački s pistacijami in rožnato vodo ............... 34
   13. Šifon kolački Earl Grey Tea ...................................... 36
## PITE IZ ŠIFONA ................................................................. 38
   14. Malinova šifon pita ..................................................... 39
   15. Šifon pita z jabolčnim cimetom .................................. 41
   16. Črna češnjeva šifonova pita ........................................ 43
   17. Butterscotch Šifon pita .............................................. 45
   18. Pita iz šifonove marmelade ........................................ 47
   19. Bučna pita iz šifona ................................................... 49
   20. Eggnog Šifon pita ...................................................... 51
   21. Sadni koktajl Šifon pita .............................................. 54
   22. Pita iz guava šifona ................................................... 56
   23. Key Lime Šifon pita ................................................... 59
   24. Šifonova pita Macadamia ........................................... 62
   25. Šifonova pita pomarančnega cveta ............................. 65
   26. Peachy Šifon pita ....................................................... 67
   27. Šifonova pita z arašidovim maslom ........................... 69
## SIRNI POGODKI IZ ŠIFONA ............................................. 71
   28. Ananasov šifonov kolač brez peke ............................. 72
   29. Marelična šifonova torta brez peke ............................ 74
   30. Limonin šifon češnjev cheesecake ............................. 76
   31. Borovničev šifon Cheesecake ..................................... 78
   32. Ananasova šifonova torta s sirom .............................. 80
   33. Pomarančni šifonov kolač s sirom ............................. 83
   34. Passionfruit Šifon Cheesecake ................................... 86
   35. Mango Chiffon Cheesecake ........................................ 89
   36. Malina Šifon Cheesecake ........................................... 91

37. Robidni šifonov kolač s sirom ............................................................. 93
38. Matcha Šifon Cheesecake ................................................................. 95
39. Ingverjev hruškov šifonov kolač s sirom ............................................ 98
40. Karamelizirana bananina šifonova torta s sirom .............................. 101

## TORTE IZ ŠIFONA ................................................................................ 104
41. Šifonska torta Yuzu ......................................................................... 105
42. Čokoladna šifon torta ...................................................................... 108
43. Šifonska torta Dalgona ................................................................... 111
44. Bananina šifon torta ........................................................................ 114
45. Medena torta iz šifona .................................................................... 117
46. Tahini šifonova torta z medom in rabarbaro .................................... 119
47. Šifonska torta s čokoladnimi koščki ................................................ 123
48. Šifonska torta z limoninim makom .................................................. 126
49. Šifonska torta Earl Grey ................................................................. 128
50. Šifonska torta s sivko ...................................................................... 130
51. Kokosova torta iz šifona .................................................................. 134
52. Šifonova torta s pistacijami ............................................................. 136

## ZAMRZNJENE POSLASTICE IZ ŠIFONA ............................................ 138
53. Češnjev šifon puh ........................................................................... 139
54. Torta iz šifonske ledene škatle ....................................................... 141
55. Limetin šifonski sladoled ................................................................ 143
56. Lime Šifon Semifreddo ................................................................... 145
57. Limonin šifon sorbet ....................................................................... 147
58. Malinov šifon zamrznjen jogurt ....................................................... 149
59. Mango Šifon Popsicles ................................................................... 151
60. Jagodna šifonova ledena pita ......................................................... 153
61. Zamrznjena krema iz borovničevega šifona ................................... 155
62. Sladoledni sendviči s kokosovim šifonom ...................................... 157
63. Peach Šifon Popsicles .................................................................... 159

## TARTE ................................................................................................... 161
64. Limetin šifonski kolač ...................................................................... 162
65. Bananin šifonski tart ....................................................................... 165
66. Pumpkin Chiffon Tart ...................................................................... 167
67. Šifonska torta s pasijonko .............................................................. 170
68. Šifonske torte iz sladkega krompirja .............................................. 173
69. Marelična šifonska torta ................................................................. 176
70. Malina šifon tart .............................................................................. 179
71. Kokosova šifonova torta ................................................................. 181
72. Šifonska torta z mešanim jagodičevjem ........................................ 183

## SLADICE V PLASTIH ........................................................................... 185
73. Čokoladni šifonski lončki ................................................................ 186
74. Limonin šifon puding ...................................................................... 188
75. Šifon Trifle iz manga in limete ........................................................ 190

76. Parfeji iz jagodnega šifonskega sira ........................................................... 193
77. Tiramisu iz šifona ........................................................................................ 196
78. Šifon mousse iz maline in bele čokolade .................................................. 199
79. Šifon parfe z borovnicami in limono ......................................................... 202
80. Kokos in ananas Šifon Trifle ...................................................................... 205
81. Malenkost za torto iz črnega gozda iz šifona ........................................... 208
82. Šifon Parfe s kokosom in mangom ............................................................ 211
83. Peach Melba Chiffon Cake Trifle ............................................................... 213
84. Parfe iz pistacije in češnjevega šifona ....................................................... 216

## PALICE IN KVADRATKI IZ ŠIFONA ................................................................. 218
85. Palice iz limoninega šifona ........................................................................ 219
86. Čokoladni šifonski kolački ......................................................................... 221
87. Kokosovi kvadrati iz šifona ........................................................................ 224
88. Oranžne palice iz šifona ............................................................................. 226
89. Jagodni šifonski kvadratki ......................................................................... 228
90. Key Lime Chiffon Bars ............................................................................... 230
91. Ananasovi kvadratki iz šifona .................................................................... 232
92. Palice iz mešanega jagodičastega šifona .................................................. 234

## ŠIFON KRUH ........................................................................................................ 236
93. Šifon bananin kruh ..................................................................................... 237
94. Šifon limonin kruh ...................................................................................... 239
95. Šifon bučni kruh .......................................................................................... 241
96. Kruh s šifonsko čokolado ........................................................................... 243

## ŠIFONSKI PIŠKOTI ............................................................................................. 245
97. Šifon limonini piškoti ................................................................................. 246
98. Šifon čokoladni piškoti ............................................................................... 248
99. Mandljevi piškoti iz šifona ......................................................................... 250
100. Šifon Kokosovi piškoti .............................................................................. 252

## ZAKLJUČEK ........................................................................................................ 254

# UVOD

Dobrodošli v "ELEGANTNA KUHARICA IZ ŠIFONA", kjer vas vabimo, da se podate na potovanje, kjer boste obvladali umetnost ustvarjanja lahkih, zračnih in dekadentnih užitkov s 100 izvrstnimi recepti iz šifona. Šifon s svojo nežno teksturo in eterično kakovostjo je kulinarični čudež, ki očara čute in navduši brbončice. V tej kuharski knjigi slavimo eleganco in vsestranskost šifona ter prikazujemo njegovo sposobnost preoblikovanja preprostih sestavin v izjemne kreacije, ki bodo zagotovo navdušile tudi najbolj zahtevne okuse.

V tej kuharski knjigi boste odkrili zakladnico receptov, ki poudarjajo nežno in razkošno naravo šifona. Od klasičnih tort in puhastih moussov do elegantnih pit in svilnatih pudingov, vsak recept je oblikovan tako, da prikazuje edinstveno teksturo in profil okusa šifona, kar ustvarja simfonijo okusa in teksture, po kateri boste hrepeneli po še več.

Kar ločuje "ELEGANTNA KUHARICA IZ ŠIFONA" od drugih, je njen poudarek na natančnosti in tehniki. Peka iz šifona zahteva občutljivo ravnovesje sestavin in skrbno roko, ta kuharska knjiga pa vam nudi orodja in napotke, ki jih potrebujete, da vsakič dosežete popolne rezultate. Z navodili po korakih , koristnimi nasveti in osupljivo fotografijo boste lahko ustvarili osupljive kreacije iz šifona, ki so tako lepe kot okusne.

V tej kuharski knjigi boste našli praktične nasvete o izbiri sestavin, opremi za peko in predstavitvenih tehnikah, ki vam bodo pomagale povzdigniti svoje kreacije iz šifona na višjo raven. Ne glede na to, ali pečete za posebno priložnost, si privoščite sladko poslastico ali preprosto želite razširiti svoj kulinarični repertoar, ima "ELEGANTNA KUHARICA IZ ŠIFONA" nekaj za vsakogar.

# ŠIFONSKI KOLAČKI

# 1. Šifon kolački Dragon Fruit

**SESTAVINE:**
- 3 rumenjaki
- 25 g sladkorja v prahu
- 70 g pireja Dragon fruit
- 40 g koruznega olja
- ¼ čajne žličke ekstrakta vanilije
- 55 g samovzhajalne moke
- 2 žlici koruzne moke
- 3 jajčni beljak
- ⅛ čajne žličke vinskega kamna
- 60 g sladkorja v prahu

**NAVODILA:**
a) Rumenjake in sladkor penasto stepemo. Stepite v pireju zmajevega sadja, koruznem olju in ekstraktu vanilije. Lahka mešanica samovzhajalne moke in koruzne moke.
b) V ločeni čisti skledi stepemo beljake, vinski kamen in sladkor v prahu, da postanejo puhasti in čvrsti. Rumenjakovo zmes previdno vmešamo v stepen beljak, da se dobro poveže.
c) Maso nalijte v podloge za kolačke. Rahlo potrkajte po podlogah za kolačke, da sprostite zračne mehurčke.
d) Pečemo v predhodno ogreti pečici na 170C 10 minut, nato temperaturo zmanjšamo na 160C in pečemo še 20-25 minut oziroma dokler nabodalo, ki ga vstavimo v torto, ne pride ven čisto.
e) Odstranite iz pečice in torto takoj obrnite.
f) Pustite nemoteno, dokler se popolnoma ne ohladi.

## 2.Hokkaido šifon kolački

**SESTAVINE:**
**ZA KOLAČKE:**
- 3 veliki beljaki, ločeni od rumenjakov, pri sobni temperaturi
- 45 g granuliranega sladkorja (razdeljen na 20 gramov in 25 gramov)
- 35 ml repičnega olja
- 60 ml mleka
- 70 g moke za torte, presejane

**ZA STEPENO SMETANO:**
- 240 ml smetane, ohlajene
- 25 g granuliranega sladkorja
- ¼ čajne žličke vanilijevega ekstrakta

**ZA SKUPŠČINO:**
- Slaščičarski sladkor za posipanje

**NAVODILA:**
**ZA KOLAČKE:**
a) Pečico segrejte na 325 F. Vzemite posodo in metlico, s katero boste stepli smetano, in jo ohladite v hladilniku.
b) Z ročnim električnim mešalnikom ali stoječim mešalnikom, opremljenim z nastavkom za stepanje, penasto stepajte 3 rumenjake in 20 gramov sladkorja, da postanejo občutno svetlejši (približno 8 minut pri srednji visoki hitrosti).
c) Dodajte 35 ml olja oljne repice in 60 ml mleka ter nadaljujte z mešanjem, dokler se popolnoma ne premeša.
d) Preklopite na nizko hitrost in dodajte 70 gramov moke za torte. Mešajte, dokler se le ne združi. Dati na stran.
e) V ločeni skledi z drugo metlico penasto stepite 3 beljake. Postopoma dodajte 25 gramov sladkorja, dokler ne dosežete čvrstih vrhov.
f) Beljake vmešajte v rumenjake, dokler se ravno ne povežejo. Pazite, da ne pretiravate, da vam beljak ne izpuhti.
g) Testo prenesite v skodelice za kolačke, dokler niso polne do ¾ in jih položite na pekač. Pečemo 20 minut oziroma dokler vrhovi ne začnejo pokati in postanejo mat. Zobotrebec, ki ga zapičite v nekaj kolačkov, mora izstopiti čist ali z minimalno količino suhih drobtin. Postavite na rešetko, da se popolnoma ohladi.

**ZA STEPENO SMETANO:**
h) Vzemite svojo ohlajeno skledo in metlico iz hladilnika ter stepajte vse sestavine, dokler ne dosežete čvrstih vrhov.

**ZA SKUPŠČINO:**
i) Prepričajte se, da so kolački popolnoma ohlajeni, preden jih napolnite s stepeno smetano.
j) Kremo prenesite v cevno vrečko, opremljeno z želeno konico. Konico vstavite v sredino kolačka in nežno pritisnite, da napolnite kolačke (čutili boste, da se kolački napihnejo).
k) Ustavite se takoj, ko začnete videti napolnjenost na vrhu. Potresemo s slaščičarskim sladkorjem.

# 3. Marmorni šifon kolaček

## SESTAVINE:

- 3 rumenjaki
- 25 g (2 žlici) granuliranega sladkorja za rumenjake
- 30 ml (2 žlici) rastlinskega olja
- 45 ml (3 žlice) mleka
- 56 g (½ skodelice) moke za torte/moke z nizko vsebnostjo beljakovin, presejane
- 6 g (1 žlica) presejanega nesladkanega kakava v prahu
- 3 beljaki
- 25 g (2 žlici) kristalnega sladkorja za beljak
- ⅛ čajne žličke vinskega kamna ALI ½ čajne žličke limoninega soka (neobvezno)

## NAVODILA:

a) V srednje veliki skledi stepamo rumenjake in sladkor, dokler ne postanejo kremasti in svetle barve.
b) Dodamo mleko, olje in moko. Temeljito premešajte.
c) Ločite polovico testa v drugo srednjo skledo. Enemu od njih dodajte kakav v prahu in mešajte, dokler se ne združi.
d) V čisti srednji skledi stepite jajčni beljak, dokler ni penast. Če uporabljate, dodajte kremo iz vinskega kamna ali limonin sok (neobvezno). Katera koli od teh kislih sestavin bo pomagala stabilizirati stepeni jajčni beljak.
e) Z vključenim mešalnikom med mešanjem postopoma dodajajte sladkor. Stepajte do trdega vrha.
f) V nečokoladno maso dodajte ¼ stepenega beljaka/meringe. Temeljito premešajte z metlico ali silikonsko lopatko.
g) Dodamo še ¼ meringue in zdaj želimo počasi mešati, ne da bi izpraznili testo. Prekomerno mešanje ali močno mešanje lahko povzroči nepuhasto gosto torto. Zato testo previdno prepognite, dokler večina beljaka ni več vidna.
h) Dodajte ¼ meringe v čokoladno maso. Temeljito premešajte. Nato dodajte preostanek meringue in znova previdno premešajte, dokler se ne poveže.

i) Pekač za kolačke obložite s papirnatimi skodelicami. Nato v vsako skodelico izmenično dodajajte čokoladno in nečokoladno maso, dokler ni skoraj polna, pri čemer pustite približno 1 cm od vrha.
j) Okrasite vrh s poljubnim marmornim vzorcem, ki vam je všeč. Na vrh dodajte tri pike različnih barv. Nato z zobotrebcem povlecite skozi vsako piko z enim neprekinjenim okroglim potegom.
k) Pecite v predhodno ogreti pečici pri 340 °F ali 170 °C 20 minut ali dokler zobotrebec, zapičen v sredino, ne postane čist.

## 4.Lemon Chiffon Cupcakes

## SESTAVINE:
### KOLAČKI:
- 1 limona, razdeljena
- ¾ skodelice (175 ml) moke za torte (ne uporabljajte večnamenske moke)
- ½ skodelice (125 ml) sladkorja, razdeljeno
- ¾ čajne žličke (4 ml) pecilnega praška
- ¼ čajne žličke (1 ml) soli
- 2 velika rumenjaka
- ¼ skodelice (50 ml) vode
- 2 ½ žlici (37 ml) olja oljne repice
- 1 žlica (15 ml) limoninega izvlečka
- 4 veliki beljaki, sobne temperature
- ½ skodelice (125 ml) pripravljene limonine skute

### MERINGUE GLAZURA:
- 3 večji beljaki
- ¼ čajne žličke (1 ml) vinskega kamna
- ½ skodelice (125 ml) sladkorja
- 1 čajna žlička (5 ml) limoninega izvlečka

## NAVODILA:
a) Pečico segrejte na 325 °F (160 °C). V jamice pekača za mafine položite papirnate podloge.
b) Z nastavljivim drobnim strgalnikom Microplane® olupite limonino lupino, da odmerite 1 ½ žlice (22 ml); odložite ½ žlice (7 ml) lupine za okras.
c) V posodi za mešanje (2-qt./2-L) iz nerjavečega jekla zmešajte moko, ¼ skodelice (50 ml) sladkorja, pecilni prašek, sol in preostalo 1 žlico (15 ml) lupine; dobro premešajte z nerjavno metlico.
d) 6-qt./6-L ) iz nerjavečega jekla zmešajte jajčne rumenjake, vodo, olje in ekstrakt; stepajte na srednji hitrosti električnega ročnega mešalnika, dokler se dobro ne zmeša. Dodajte suhe sestavine; stepajte na srednji hitrosti do gladkega.
e) V posodi za mešanje iz nerjavečega jekla (4-qt./4-L ) s čistimi metlicami stepajte beljake na visoki hitrosti, dokler ne nastane mehak sneg, približno 1 minuto. Med nenehnim stepanjem

postopoma dodajte preostalo ¼ skodelice (50 ml) sladkorja v zelo počasnem in enakomernem toku. Nadaljujte s stepanjem 3-4 minute ali dokler se sladkor ne raztopi in nastanejo trdi vrhovi. Eno četrtino meringue vmešajte v testo s pomočjo Small Mix 'N Scraper®; nežno vmešajte preostalo meringue.

f) Z veliko zajemalko enakomerno razdelite testo med obloge; pečemo 12-15 minut ali dokler lesen kramp, vstavljen v sredino, ne pride ven čist. Odstranite pekač iz pečice na stojalo za hlajenje. Odstranite kolačke iz pekača; popolnoma ohladi.

g) Za sestavljanje kolačkov z žlico nalijte limonino skuto v dekorator z zaprto zvezdasto konico.

h) Dekorater nežno potisnite v sredino vsakega kolačka in nalijte majhno količino skute (približno 2 čajni žlički/10 ml). kolački z zmrzaljo; potresemo s prihranjeno limonino lupinico.

**MERINGUE GLAZURA:**

i) V čisti posodi za mešanje penasto stepite beljake.

j) Dodajte vinski kamen (ali limonin sok, če uporabljate) in nadaljujte s stepanjem.

k) Med stepanjem postopoma dodajajte sladkor, dokler ne nastanejo čvrsti vrhovi.

l) Vmešajte ekstrakt limone.

# 5. Čokoladni šifon kolački

**SESTAVINE:**
- 1 1/2 skodelice moke za torte
- 1/2 skodelice nesladkanega kakava in 1 žlica nesladkanega kakava
- 1 čajna žlička pecilnega praška
- 1/4 čajne žličke sode bikarbone
- 1/2 čajne žličke soli
- 4 velika jajca, ločena
- 3/4 skodelice rastlinskega olja
- 3/4 skodelice sladkorja, plus 2 žlici sladkorja

**NAVODILA:**
a) V veliko skledo presejte moko za torte, kakav, pecilni prašek, sodo bikarbono in sol ter odstavite.
b) Mešajte skupaj rumenjake, olje in ⅓ skodelice vode, dokler se ne zmešajo. Stepite ¾ skodelice sladkorja. Dodajte mešanici moke in mešajte, dokler ni dobro premešano.
c) Beljake penasto stepite. Postopoma dodajte preostali 2 žlici sladkorja in stepajte, dokler ne nastanejo mehki vrhovi. Masi dodamo beljakovo mešanico in mešamo, dokler ni enakomerna.
d) S papirjem obložene ali z maslom namazane skodelice za mafine (zmogljivost ⅓ skodelice) napolnite približno tri četrtine s testom (približno ¼ skodelice v vsakega).
e) Pecite v pečici pri 325 °F, dokler vrhovi ne odskočijo, ko se jih rahlo dotaknete v sredini, 20 do 25 minut. Ohladite na stojalih 5 minut; odstranite iz pekačev. Povsem ohladite.
f) Pomrznite z vašo najljubšo glazuro.

# 6.Šifon kolački z jagodno torto

## SESTAVINE:
**KOLAČKI:**
- ⅞ skodelice moke za torte
- 6 žlic granuliranega sladkorja
- 1 čajna žlička pecilnega praška
- ⅛ čajne žličke soli
- 4 veliki rumenjaki
- ¼ skodelice rastlinskega olja
- ⅓ skodelice vode
- ½ čajne žličke vanilijevega ekstrakta
- 3 večji beljaki sobne temperature
- 3/16 žličke vinskega kamna
- ¼ skodelice granuliranega sladkorja

**POLNJENJE:**
- 2½ skodelice sesekljanih jagod
- 2½ žlici granuliranega sladkorja
- 1¼ žlice koruznega škroba
- 1¼ žlice vode

**PRELIV:**
- 2 skodelici težke smetane, hladne
- 1 čajna žlička vanilijevega ekstrakta
- 2 žlici sladkorja v prahu

## NAVODILA:
**KOLAČKI:**

a) Pečico segrejte na 350°F. Modelčke za kolačke obložite s papirnatimi podlogami ali poškropite s sprejem za peko. Dati na stran.

b) V veliko skledo presejemo moko, 6 žlic sladkorja, pecilni prašek in sol. Dati na stran.

c) V manjši skledi stepemo rumenjake, olje, vodo in vanilijo. Dati na stran.

d) Z električnim mešalnikom, opremljenim z nastavkom za stepanje, penasto stepemo beljake in vinsko kremo. Med nadaljnjim stepanjem stresite ¼ skodelice sladkorja. Stepamo do trdih vrhov. Dati na stran.

e) Mokre sestavine prelijemo čez suhe sestavine in stepamo do gladkega.
f) Zložite meringue.
g) Uporabite zajemalko za piškote s 3 žlicami, da maso razdelite v pripravljene modelčke.
h) Pečemo 18-20 minut do svetlo zlato rjave barve. Odstavimo, da se ohladi.

**POLNJENJE:**
i) Združite vse sestavine v srednji ponvi.
j) Kuhajte in mešajte na srednje nizkem ognju, dokler se sladkor ne raztopi in zmes postane gosta, približno 2-3 minute.
k) Odstavimo, da se ohladi.

**CHANTILLY KREMA:**
l) Združite vse sestavine v srednji skledi.
m) Stepajte z električnim mešalnikom, opremljenim z nastavkom za stepanje, do srednje trdih vrhov.

**SESTAVLJANJE:**
n) Jedro kolačkov.
o) Vsak kolaček nadevajte z 1 žlico nadeva.
p) Zamenjajte vrhove kolačkov.
q) Na vrh nanesite ali namažite kremo Chantilly.

# 7.Šifon kolački Orange Blossom

**SESTAVINE:**
- 4 velika jajca, ločena
- 1/2 skodelice granuliranega sladkorja
- 1/4 skodelice rastlinskega olja
- 1/4 skodelice sveže iztisnjenega pomarančnega soka
- 1 žlica pomarančne lupinice
- 1 čajna žlička vode pomarančnih cvetov
- 1 skodelica moke za torte
- 1 čajna žlička pecilnega praška
- 1/4 čajne žličke soli

**NAVODILA:**
a) Pečico segrejte na 325 °F (160 °C). Pekač za mafine obložite s podlogami za kolačke.
b) V veliki posodi za mešanje stepemo rumenjake s polovico sladkorja, da postanejo bledi in gosto. Postopoma dodajajte rastlinsko olje, pomarančni sok, pomarančno lupinico in vodo pomarančnih cvetov ter mešajte, dokler se dobro ne premeša.
c) V ločeni skledi presejte moko za torte, pecilni prašek in sol.
d) Postopoma dodajte suhe sestavine k mokrim sestavinam in mešajte, dokler ni gladka in dobro združena.
e) V drugi čisti posodi za mešanje penasto stepite beljake. Postopoma dodajte preostali sladkor in nadaljujte s stepanjem, dokler ne nastanejo čvrsti vrhovi.
f) Stepene beljake nežno vmešajte v testo, dokler ne ostanejo nobene proge.
g) Testo enakomerno porazdelite med podloge za kolačke, tako da vsako napolnite do približno dveh tretjin.
h) Pecite 15-18 minut ali dokler zobotrebec, ki ga zapičite v sredino kolačka, ne izstopi čist.
i) Odstranite iz pečice in pustite, da se kolački nekaj minut ohladijo v pekaču, preden jih prestavite na rešetko, da se popolnoma ohladijo.
j) Ko se kolački ohladijo, jih lahko po želji potresete s sladkorjem v prahu ali pa jih za okras prelijete s stepeno smetano in svežimi pomarančnimi krhlji.

## 8.Šifon kolački Matcha zelenega čaja

**SESTAVINE:**
- 4 velika jajca, ločena
- 1/2 skodelice granuliranega sladkorja
- 1/4 skodelice rastlinskega olja
- 1/4 skodelice mleka
- 1 čajna žlička vanilijevega ekstrakta
- 2 žlici matcha zelenega čaja v prahu
- 1 skodelica moke za torte
- 1 čajna žlička pecilnega praška
- 1/4 čajne žličke soli

**NAVODILA:**
a) Pečico segrejte na 325 °F (160 °C). Pekač za mafine obložite s podlogami za kolačke.
b) V veliki posodi za mešanje stepemo rumenjake s polovico sladkorja, da postanejo bledi in gosto. Postopoma dodajajte rastlinsko olje, mleko in vanilijev ekstrakt ter mešajte, dokler se dobro ne poveže.
c) Prašek zelenega čaja matcha presejte v mokre sestavine in mešajte, dokler ni enakomerna.
d) V ločeni skledi presejte moko za torte, pecilni prašek in sol.
e) Postopoma dodajte suhe sestavine k mokrim sestavinam in mešajte, dokler ni gladka in dobro združena.
f) V drugi čisti posodi za mešanje penasto stepite beljake. Postopoma dodajte preostali sladkor in nadaljujte s stepanjem, dokler ne nastanejo čvrsti vrhovi.
g) Stepene beljake nežno vmešajte v testo, dokler ne ostanejo nobene proge.
h) Testo enakomerno porazdelite med podloge za kolačke, tako da vsako napolnite do približno dveh tretjin.
i) Pecite 15-18 minut ali dokler zobotrebec, ki ga zapičite v sredino kolačka, ne izstopi čist.
j) Odstranite iz pečice in pustite, da se kolački nekaj minut ohladijo v pekaču, preden jih prestavite na rešetko, da se popolnoma ohladijo.
k) Ko se ohladijo, lahko kolačke po želji potresete z matcha prahom ali jih za okras prelijete s stepeno smetano z okusom matcha.

## 9. Kokosovi šifon kolački

**SESTAVINE:**
- 4 velika jajca, ločena
- 1/2 skodelice granuliranega sladkorja
- 1/4 skodelice rastlinskega olja
- 1/4 skodelice kokosovega mleka
- 1 čajna žlička vanilijevega ekstrakta
- 1/2 skodelice naribanega kokosa
- 1 skodelica moke za torte
- 1 čajna žlička pecilnega praška
- 1/4 čajne žličke soli

**NAVODILA:**
a) Pečico segrejte na 325 °F (160 °C). Pekač za mafine obložite s podlogami za kolačke.
b) V veliki posodi za mešanje stepemo rumenjake s polovico sladkorja, da postanejo bledi in gosto. Postopoma dodajajte rastlinsko olje, kokosovo mleko in vanilijev ekstrakt ter mešajte, dokler se dobro ne poveže.
c) Vmešajte nariban kokos, da se enakomerno porazdeli.
d) V ločeni skledi presejte moko za torte, pecilni prašek in sol.
e) Postopoma dodajte suhe sestavine k mokrim sestavinam in mešajte, dokler ni gladka in dobro združena.
f) V drugi čisti posodi za mešanje penasto stepite beljake. Postopoma dodajte preostali sladkor in nadaljujte s stepanjem, dokler ne nastanejo čvrsti vrhovi.
g) Stepene beljake nežno vmešajte v testo, dokler ne ostanejo nobene proge.
h) Testo enakomerno porazdelite med podloge za kolačke, tako da vsako napolnite do približno dveh tretjin.
i) Pecite 15-18 minut ali dokler zobotrebec, ki ga zapičite v sredino kolačka, ne izstopi čist.
j) Odstranite iz pečice in pustite, da se kolački nekaj minut ohladijo v pekaču, preden jih prestavite na rešetko, da se popolnoma ohladijo.
k) Ko se ohladijo, lahko kolačke po želji prelijete s stepeno kokosovo smetano in popečenimi kokosovimi kosmiči za okras.

## 10. Šifon kolački iz vanilijevega fižola

## SESTAVINE:
- 4 velika jajca, ločena
- 1/2 skodelice granuliranega sladkorja
- 1/4 skodelice rastlinskega olja
- 1/4 skodelice mleka
- 1 čajna žlička vanilijevega ekstrakta
- Semena iz 1 vanilijevega stroka
- 1 skodelica moke za torte
- 1 čajna žlička pecilnega praška
- 1/4 čajne žličke soli

## NAVODILA:
a) Pečico segrejte na 325 °F (160 °C). Pekač za mafine obložite s podlogami za kolačke.
b) V veliki posodi za mešanje stepemo rumenjake s polovico sladkorja, da postanejo bledi in gosto. Postopoma dodajate rastlinsko olje, mleko, ekstrakt vanilije in semena stroka vanilije ter mešajte, dokler se dobro ne premeša.
c) V ločeni skledi presejte moko za torte, pecilni prašek in sol.
d) Postopoma dodajte suhe sestavine k mokrim sestavinam in mešajte, dokler ni gladka in dobro združena.
e) V drugi čisti posodi za mešanje penasto stepite beljake. Postopoma dodajte preostali sladkor in nadaljujte s stepanjem, dokler ne nastanejo čvrsti vrhovi.
f) Stepene beljake nežno vmešajte v testo, dokler ne ostanejo nobene proge.
g) Testo enakomerno porazdelite med podloge za kolačke, tako da vsako napolnite do približno dveh tretjin.
h) Pecite 15-18 minut ali dokler zobotrebec, ki ga zapičite v sredino kolačka, ne izstopi čist.

## 11. Šifon kolački s sivko in medom

**SESTAVINE:**
- 1 1/2 skodelice moke za torte
- 1 skodelica granuliranega sladkorja
- 1 1/2 žličke pecilnega praška
- 1/2 čajne žličke soli
- 1/2 skodelice rastlinskega olja
- 5 velikih rumenjakov
- 3/4 skodelice polnomastnega mleka
- 1 žlica posušenih kulinaričnih cvetov sivke
- 1/4 skodelice medu
- 5 večjih beljakov
- 1/4 čajne žličke vinskega kamna

**NAVODILA:**
a) Pečico segrejte na 325 °F (160 °C). Pekače za mafine obložite s podlogami za kolačke.
b) V majhni kozici segrejte mleko, dokler ni toplo. Odstavite z ognja in dodajte posušene cvetove sivke. Pustite stati 10-15 minut, nato precedite mleko, da odstranite sivko.
c) V veliki skledi za mešanje zmešajte moko za torto, sladkor, pecilni prašek in sol.
d) Na sredini suhih sestavin naredite jamico in dodajte rastlinsko olje, rumenjake, mleko s sivko in med. Mešajte do gladkega.
e) V ločeni čisti skledi za mešanje stepite beljake in vinski kamen, dokler ne nastane čvrst sneg.
f) Stepene beljake nežno vmešajte v testo, dokler se ravno ne povežejo.
g) Testo enakomerno porazdelite med pripravljene vložke za kolačke, vsakega napolnite približno do 3/4.
h) Pecite 18-20 minut oziroma dokler zobotrebec, ki ga zapičite v sredino, ne izstopi čist.
i) Odstranite iz pečice in pustite, da se kolački popolnoma ohladijo na rešetki, preden jih postrežete.

## 12. Šifon kolački s pistacijami in rožnato vodo

**SESTAVINE:**
- 1 1/2 skodelice moke za torte
- 1 skodelica granuliranega sladkorja
- 1 1/2 žličke pecilnega praška
- 1/2 čajne žličke soli
- 1/2 skodelice rastlinskega olja
- 5 velikih rumenjakov
- 3/4 skodelice polnomastnega mleka
- 1/2 skodelice oluščenih pistacij, drobno mletih
- 1 čajna žlička rožne vode
- 5 večjih beljakov
- 1/4 čajne žličke vinskega kamna

**NAVODILA:**
a) Pečico segrejte na 325 °F (160 °C). Pekače za mafine obložite s podlogami za kolačke.
b) Oluščene pistacije zmečkajte v kuhinjskem robotu, dokler niso fino zmlete.
c) V veliki posodi za mešanje zmešajte moko za torte, sladkor, pecilni prašek, sol in mlete pistacije.
d) Na sredini suhih sestavin naredite jamico in dodajte rastlinsko olje, rumenjake, polnomastno mleko in rožno vodo. Mešajte do gladkega.
e) V ločeni čisti skledi za mešanje stepite beljake in vinski kamen, dokler ne nastane čvrst sneg.
f) Stepene beljake nežno vmešajte v testo, dokler se ravno ne povežejo.
g) Testo enakomerno porazdelite med pripravljene vložke za kolačke, vsakega napolnite približno do 3/4.
h) Pecite 18-20 minut oziroma dokler zobotrebec, ki ga zapičite v sredino, ne izstopi čist.
i) Odstranite iz pečice in pustite, da se kolački popolnoma ohladijo na rešetki, preden jih postrežete.

## 13. Šifon kolački Earl Grey Tea

**SESTAVINE:**
- 1 1/2 skodelice moke za torte
- 1 skodelica granuliranega sladkorja
- 1 1/2 žličke pecilnega praška
- 1/2 čajne žličke soli
- 1/2 skodelice rastlinskega olja
- 5 velikih rumenjakov
- 3/4 skodelice polnomastnega mleka
- 2 žlici ohlapnih čajnih listov Earl Grey
- 5 večjih beljakov
- 1/4 čajne žličke vinskega kamna

**NAVODILA:**
a) Pečico segrejte na 325 °F (160 °C). Pekače za mafine obložite s podlogami za kolačke.
b) V majhni kozici segrejte mleko, dokler ni toplo. Odstranite z ognja in dodajte ohlapne čajne liste Earl Grey . Pustite stati 10-15 minut, nato precedite mleko, da odstranite čajne liste.
c) V veliki skledi za mešanje zmešajte moko za torto, sladkor, pecilni prašek in sol.
d) Na sredini suhih sestavin naredite jamico in dodajte rastlinsko olje, jajčne rumenjake, mleko z dodatkom Earl Greya. Mešajte do gladkega.
e) V ločeni čisti skledi za mešanje stepite beljake in vinski kamen, dokler ne nastane čvrst sneg.
f) Stepene beljake nežno vmešajte v testo, dokler se ravno ne povežejo.
g) Testo enakomerno porazdelite med pripravljene vložke za kolačke, vsakega napolnite približno do 3/4.
h) Pecite 18-20 minut oziroma dokler zobotrebec, ki ga zapičite v sredino, ne izstopi čist.
i) Odstranite iz pečice in pustite, da se kolački popolnoma ohladijo na rešetki, preden jih postrežete.

# PITE IZ ŠIFONA

## 14. Malinova šifon pita

**SESTAVINE:**
- 1 skorja za pito
- 2 skodelici težke smetane
- 6 unč kremnega sira, zmehčanega
- 2 čajni žlički ekstrakta vanilije
- 10 unč malinovega sadnega namaza
- Maline (po želji, za okras)
- Listi mete (neobvezno, za okras)

**NAVODILA:**

a) Pečico segrejte na 375°F. Testo razvaljajte na 11" krog in obložite 9" krožnik za pito. Obrežite in nagubajte robove; dno in stranice prebodemo z vilicami. Pečemo 15 minut oziroma do zlato rjave barve. Povsem ohladite na rešetki.

b) V majhni skledi stepite smetano na High, dokler ne nastanejo čvrsti vrhovi; dati na stran.

c) V srednji skledi zmešajte kremni sir in vanilijo; stepajte, dokler ni svetlo in puhasto. Zmešajte malinov sadni namaz in pogosto strgajte po stenah sklede.

d) Rezervirajte ½ skodelice stepene smetane za okras; preostalo stepeno smetano vmešamo v mešanico kremnega sira, dokler ne ostanejo bele proge.

e) Zmes enakomerno porazdelite po ohlajenem testu . Hladite vsaj 2 uri.

f) Tik preden postrežemo, ob rob pite z žlico nalijemo prihranjeno stepeno smetano.

g) Po želji okrasite z malinami in listi sveže mete.

## 15. Šifon pita z jabolčnim cimetom

Naredi: 1 porcijo

**SESTAVINE:**
- 3 jajca, ločena
- ¼ skodelice vode
- 1 Env želatina brez okusa
- 2 žlici rdečih cimetovih bonbonov
- 1½ skodelice jabolčne omake
- 2 žlici sladkorja
- 19-palčna lupina pite, pečena

**NAVODILA:**
a) V srednje veliki kozici stepemo rumenjake z vodo. Želatino stresemo v ponev in pustimo stati 1 minuto. Dodajte bonbone in jabolčno omako.
b) Mešajte na majhnem ognju, dokler se želatina ne raztopi, približno 5 minut. Prelijemo v veliko skledo in ohladimo, občasno premešamo, dokler se mešanica ob padcu z žlice rahlo ne naguba.
c) V veliki skledi stepite jajčne beljake, dokler ne nastanejo mehki vrhovi; postopoma dodajamo sladkor in stepamo do trdega. Zmešajte v mešanico želatine. Obrnite se v pripravljeno skorjo in ohladite, dokler ni čvrsta.

## 16. Črna češnjeva šifonova pita

**SESTAVINE:**
- 2 pločevinki (1 funt) razkoščičenih črnih češenj
- 1 čajna žlička želatine brez okusa
- 4 jajca, ločena
- ¼ čajne žličke soli
- ½ skodelice sladkorja
- 1 čajna žlička limoninega soka
- 9-palčno pečeno pecivo ali skorjica z drobtinami
- Praženi mandlji za okras

**NAVODILA:**
a) Črne češnje odcedimo in nasekljamo, sok pa pustimo. Želatino zmehčajte v ¼ skodelice češnjevega soka.
b) V skledi stepemo rumenjake, sladkor, sol, limonin sok in ½ skodelice češnjevega soka. Zmes mešamo nad vrelo vodo, dokler se ne zgosti.
c) Primešamo zmehčano želatino in narezane češnje. Zmes ohladite, dokler ne postane gosta in sirupasta.
d) V ločeni skledi stepemo beljake v trd sneg. Stepen beljak nežno vmešamo v češnjevo mešanico.
e) Sestavljeno zmes vlijemo v pečeno pecivo ali nadev.
f) Pito ohladite, dokler ni čvrsta, približno 3 ure.
g) Pito postrežemo okrašeno s praženimi mandlji.

## 17.Butterscotch Šifon pita

**SESTAVINE:**
- 1 žlica želatine brez okusa
- ¼ skodelice hladne vode
- 3 jajca; ločeni
- 1 skodelica rjavega sladkorja
- ¼ čajne žličke soli
- 1 skodelica mleka
- 1 čajna žlička vanilije
- 1½ skodelice težke smetane; razdeljen
- 9-palčna lupina za pečeno pito; ALI orehova skorjica (glej spodaj)

**OREHOVA SKORICA:**
- 1 skodelica mletih orehov
- 1 čajna žlička sladkorja
- ¼ skodelice vanilijevih napolitanskih drobtin

**NAVODILA:**
a) Želatino zmehčamo v vodi.
b) V težki kozici zmešamo dobro stepene rumenjake z rjavim sladkorjem, soljo in mlekom. Zmes med stalnim mešanjem kuhamo, dokler se rahlo ne zgosti.
c) Mešanici dodajte zmehčano želatino in mešajte, dokler se ne raztopi. Zmes ohladite, dokler se ne zgosti.
d) Iz beljakov stepemo čvrst sneg, a ne suh. V ohlajeno želatino vmešamo sneg iz vanilje in beljakov.
e) Mešanici dodajte 1 skodelico stepene smetane. Sestavljeno zmes vlijemo v lupino pečene pite.
f) Pito hladite nekaj ur.
g) Ko ste pripravljeni za serviranje, stepite preostalo ½ skodelice težke smetane do trdega. Rob pite okrasimo s ščepci stepene smetane.

**OREHOVA SKORICA:**
h) V skledi zmiksamo mlete orehe s sladkorjem in vanilijeve napolitanke.
i) Zmes trdno pritisnite na dno in stranice 9-palčnega pekača za pite.

## 18. Pita iz šifonove marmelade

**SESTAVINE:**
- 1½ do 2 skodelici izmečka iz priprave marmelade
- 12 unč Cool Whip ali enakovredno
- 1 skorja Graham krekerja
- Sadje iz marmelade (za okras)

**NAVODILA:**
a) Zmešajte ohlajeno usedlino za pripravo marmelade in karton Cool Whipa.
b) Mešanico vlijemo v skorjo graham krekerja.
c) Pito okrasite z nekaj sadja, iz katerega je bila pripravljena marmelada .
d) Pito hladite 2 uri.
e) Postrezite in uživajte.

# 19. Bučna pita iz šifona

## SESTAVINE:
- 1 ovojnica Knox želatine brez okusa
- ¾ skodelice temno rjavega sladkorja, trdno pakiranega
- ½ čajne žličke soli
- ½ čajne žličke muškatnega oreščka
- 1 čajna žlička cimeta
- ½ skodelice mleka
- ¼ skodelice vode
- 3 rumenjaki
- 1½ skodelice konzervirane buče
- 3 čvrste beljake
- ¼ skodelice sladkorja
- 1 pečena 9-palčna lupina za pito

## NAVODILA:
a) Na vrhu dvojnega kotla zmešajte prvih 5 sestavin.
b) Vmešamo mleko, vodo, rumenjake in bučo iz pločevinke. Dobro premešaj.
c) Postavite nad vrelo vodo. Med nenehnim mešanjem kuhajte, dokler se želatina ne raztopi in zmes segreje, približno 10 minut.
d) Odstranite z ognja. Ohladite, dokler se mešanica ne nakoplje, ko jo kapljate z žlice.
e) Iz beljakov stepemo trd sneg, nato pa ga stepemo s sladkorjem. Beljakovo zmes vmešamo v ohlajeno želatino.
f) Kombinirano zmes obrnite v pečeno 9-palčno lupino za pito.
g) Za 9-palčno lupino za pito: razvaljajte 12-palčni krog testa za pecivo na 14-palčnem kvadratu Kaiser Broiling Foil. Folijo in pecivo dvignite na krožnik za pite, ga nežno prilepite na krožnik in nagubajte obod testa. Dno in stranice peciva prebodemo. Pečemo 10 minut pri 450 °F ali dokler ne postanejo enakomerno rjave (folija preprečuje, da bi preveč porjaveli). Kul.
h) Nadev stresite v lupino, ohlapno zavijte v folijo in čez noč postavite v hladilnik.
i) Postrežemo ohlajeno, po želji okrasimo s stepeno smetano.
j) Uživajte v svoji lahki in slastni bučni šifonovi piti! Popoln za praznično sladico po veliki večerji.

## 20. Eggnog Šifon pita

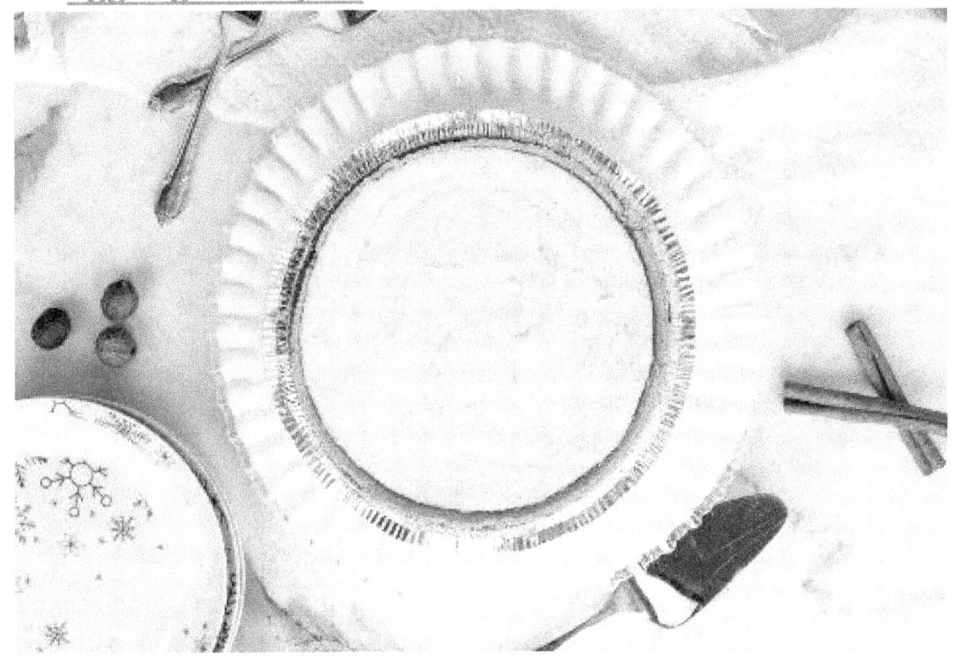

**SESTAVINE:**
- Pečena lupina peciva
- ¼ skodelice sladkorja
- 1 ovojnica želatine brez okusa
- 1½ skodelice mlečnega jajčnega likerja
- 2 Rahlo stepena rumenjaka
- ¼ skodelice ruma
- 2 beljaka
- 2 žlici sladkorja
- ¾ skodelice smetane za stepanje
- Karamelni filigran (glej spodaj)

**KARAMELNI FILIGRAN:**
- ½ skodelice sladkorja

**NAVODILA:**

a) Za nadev v srednje veliki ponvi zmešajte sladkor in želatino. Dodamo jajčni liker in rumenjake. Kuhamo in mešamo toliko časa, da se sladkor in želatina raztopita, zmes pa rahlo zgosti in začne mehurčiti.

b) Ohladite 10 minut; primešamo rum. Ohladite do konsistence koruznega sirupa in občasno premešajte. Odstranite iz hladilnika; pustite stati, dokler se delno ne strdi (konsistenca nestepenih beljakov).

c) V veliki skledi mešalnika stepamo jajčne beljake, dokler ne nastanejo mehki vrhovi (konice se zvijejo). Postopoma dodajajte preostali 2 žlici sladkorja in stepajte, dokler ne nastanejo trdi vrhovi (konice stojijo naravnost).

d) Beljake vmešamo v zmes želatine. Stepajte smetano za stepanje, dokler ne nastanejo mehki vrhovi. Smetano vmešajte v mešanico jajčnega likerja.

e) Ohladite, dokler se mešanica ne zgosti, ko jo vzamete z žlico; nadevamo v pekovsko lupino. Hladite nekaj ur ali dokler se ne strdi.

f) Približno 1 uro pred serviranjem pripravite karamelni filigran.

**KARAMELNI FILIGRAN:**

g) V težki 1-litrski ponvi segrejte ½ skodelice sladkorja na srednje nizkem ognju brez mešanja.
h) Ko se začne sladkor topiti, segrevajte in nenehno mešajte, dokler ni zmes skoraj srednje karamelne barve (sirup potemni, ko ga odstavite z ognja).
i) Vmešajte nekaj kapljic vroče vode. Pustite stati 1 minuto.
j) Z žlico na hitro pokapajte karameliziran sladkor po vrhu pite, dokler ne nastane mreža karamele .

## 21.Sadni koktajl Šifon pita

**SESTAVINE:**
- 1 paket (8 unč) nemastnega kremnega sira Philadelphia
- 1 paket (4 porcije) mešanice instant vaniljevega pudinga Jell-O brez sladkorja
- ⅓ skodelice Carnation nemastnega suhega mleka v prahu
- 1 skodelica vode
- 1 skodelica Cool Whip Lite
- 1 pločevinka (16 unč) sadnega koktajla, polnega soka, odcejenega
- 1 6-unčna skorja za pito Keebler graham kreker

**NAVODILA:**
a) V veliki posodi za mešanje z žlico mešajte kremni sir, dokler se ne zmehča.
b) Dodamo suho zmes za puding, suho mleko v prahu in vodo. Z žično metlico dobro premešamo.
c) Zložite ½ skodelice Cool Whip Lite.
d) Dodamo odcejen sadni koktajl. Nežno premešajte, da se združi.
e) Zmes vlijemo v skorjo za pito iz graham krekerja .
f) Ohladite, dokler ni pripravljen za serviranje.
g) Pri serviranju vsak kos prelijte z 1 žlico Cool Whip Lite.
h) Uživajte v svoji lahki in čudoviti sadni koktajl šifonovi piti!

## 22. Pita iz guava šifona

**SESTAVINE:**
**LUŠKA IZ LISTNEGA PECIVA:**
- 1 skodelica moke
- ¼ čajne žličke soli
- ¼ skodelice Skrajšanje
- ¼ skodelice masla (hladnega)
- Hladna voda (po potrebi)

**POLNJENJE:**
- 1 ovojnica želatine brez okusa
- 1 žlica limoninega soka
- 4 jajca; ločeni
- 1 skodelica guavinega soka
- ¾ skodelice sladkorja
- Nekaj kapljic rdeče jedilne barve
- ⅛ čajne žličke vinskega kamna

**PRELIV:**
- Sladkana stepena smetana
- Rezine guave

**NAVODILA:**
**LUŠKA IZ LISTNEGA PECIVA:**
a) Združite moko in sol. Narežite maslo in maslo, dokler grudice niso velikosti graha.
b) Dodajte vodo in mešajte, dokler se mešanica ne navlaži. Stisnite v kroglico in ohladite 45 minut.
c) Razvaljamo na pomokani deski z dobro pomokanim ali s testom pokritim valjarjem. Previdno prenesite pecivo na 9-palčni krožnik za pite. Pierce je ves z vilicami.
d) Pečemo pri 400°F 15 minut. Kul.

**POLNJENJE:**
e) Želatino zmehčamo v limoninem soku in odstavimo.
f) V ponvi zmešajte jajčne rumenjake, sok guave in ½ skodelice sladkorja. Dodajte nekaj kapljic rdeče jedilne barve.
g) Na zmernem ognju kuhamo in mešamo toliko časa, da se zmes zgosti.

h) Dodajte mešanico želatine in mešajte, dokler se ne stopi. Zmes ohladite, dokler ne doseže konsistence nestepenega beljaka.
i) Beljake in vinski kamen stepamo toliko časa, da nastanejo mehki snegovi. Postopoma dodajte ¼ skodelice sladkorja in stepajte, dokler ne nastanejo trdi vrhovi.
j) Primešamo želatinsko zmes in vlijemo v pečeno pecivo. Ohladite se.

**PRELIV:**
k) Po vrhu prelijemo s stepeno sladko smetano.
l) Okrasite z rezinami guave.
m) Uživajte v svoji osvežilni piti iz šifona Guava!

## 23. Key Lime Šifon pita

**SESTAVINE:**
**KOKOSOVA LUPINA:**
- 2 skodelici naribanega kokosa, popečenega
- ¼ skodelice rjavega sladkorja
- ½ skodelice masla, stopljenega

**POLNILO SIRUP:**
- ⅓ skodelice rezerviranega limetinega sirupa
- 1 paket želatine brez okusa
- ⅓ skodelice svežega limetinega soka
- ½ skodelice sladkorja, razdeljeno
- 2 jajci, ločeni
- 1 skodelica vode
- ½ skodelice sladkorja
- ¼ skodelice limetine lupinice (lupina), drobno narezanih trakov
- 5 kapljic jedilnega barvila (zeleno), neobvezno

**KREMA:**
- 1 skodelica smetane za stepanje
- 1 čajna žlička vanilije

**NAVODILA:**
**KOKOSOVA LUPINA:**
a) V skledi zmešamo nastrgan kokos, rjavi sladkor in stopljeno maslo.
b) Zmes trdno vtisnite v 9-palčni (20 cm) namaščen krožnik za pito. Ohladite do trdnega.

**PRIPRAVITE SIRUP:**
c) V ponvi zmešajte vodo in sladkor. Segrevajte, da zavre.
d) Vmešajte limetino lupinico in pustite vreti 30 minut. Precedite, prihranite sirup in limetino lupinico.

**ZA POLNJENJE:**
e) V ponvi segrejte ⅓ skodelice (75 ml) sirupa.
f) Ponev odstavimo z ognja in potresemo z želatino ter pustimo, da se zmehča 1 minuto. Nato vmešajte limetin sok , ¼ skodelice (50 ml) sladkorja, 2 rumenjaka in po želji jedilno barvilo.
g) Postavimo na majhen ogenj in nenehno mešamo, dokler zmes ni gosta in penasta, približno 5 minut.
h) Odstranite z ognja in ohladite na sobno temperaturo.

i) Beljake in 2 žlici (25 ml) preostalega sladkorja stepemo v trd sneg.
j) Mešanico limetine kreme vmešamo v beljakov sneg.
k) Smetano za stepanje stepemo s preostalima 2 žlicama (25 ml) sladkorja in okrasimo s prihranjeno kandirano limetino lupinico.
l) Ohladite nekaj ur pred serviranjem.
m) Uživajte v svoji osvežilni in pikantni piti iz šifona Key Lime!

## 24. Šifonova pita Macadamia

**SESTAVINE:**
- 1½ skodelice drobno sesekljanih oreščkov makadamije
- ¼ skodelice hladne vode
- 2 čajni žlički želatine brez okusa
- 4 rumenjaki
- ½ skodelice sladkorja
- ½ skodelice vrele vode
- 5 žlic temnega ruma
- 1 čajna žlička limonine lupinice
- 4 jajčni beljaki
- Ščepec soli
- 1 lupina za pito, kratka skorja, 10"
- ½ skodelice težke smetane, ohlajene
- 2 žlici super finega sladkorja

**NAVODILA:**

a) nalijte ¼ skodelice hladne vode, vanjo stresite želatino in pustite, da se zmehča 2-3 minute. Skodelico postavite v ponev z vrelo vodo in na majhnem ognju mešajte želatino, dokler se ne raztopi. Odstranite ponev z ognja, vendar pustite skodelico notri, da bo želatina topla.

b) Z metlico ali električnim stepalnikom stepamo rumenjake, dokler se dobro ne zmešajo.

c) Počasi dodajte ¼ skodelice navadnega sladkorja in nadaljujte s stepanjem, dokler rumenjaki niso dovolj gosti, da padejo v traku, ko stepalnik dvignete iz posode.

d) Med nenehnim stepanjem v tankem curku vlijemo vrelo vodo, nato zmes vlijemo v 1½ do 2-litrsko emajlirano ponev ali ponev iz nerjavečega jekla. Mešajte na majhnem ognju, dokler se ne zgosti v dovolj težko kremo, da lahko premažete žlico. Ne pustite, da krema zavre, sicer se lahko strdi.

e) Ponev odstavimo z ognja in vmešamo raztopljeno želatino, nato pa kremo precedimo skozi gosto cedilo, ki ga postavimo nad globoko skledo in ji dodamo 3 žlice ruma in limonino lupinico. Pustite, da se krema ohladi na sobno temperaturo, občasno premešajte, da se ne strdi.

f) V ločeni skledi stepemo beljake in sol s čisto metlico ali stepalnikom, da postanejo penasti. Potresemo s preostalim navadnim sladkorjem in nadaljujemo s stepanjem, dokler beljaki ne dosežejo vrhov.
g) Približno ¼ beljakov vmešamo v kremo, nato pa jo prelijemo k preostalim beljakom in zmešamo z lopatko.
h) Zložite 1¼ skodelice oreščkov, mešanico šifona vlijte v lupino za pito in z lopatko zgladite vrh. Hladimo do serviranja.
i) Tik pred serviranjem stepemo smetano z žično metlico ali mešalnikom, dokler se ne zgosti. Dodamo fini sladkor in preostali 2 žlici ruma. Nadaljujte s stepanjem, dokler krema ni čvrsta.
j) S lopatko kremo razmažemo po piti in po vrhu potresemo preostale oreščke.

## 25. Šifonova pita pomarančnega cveta

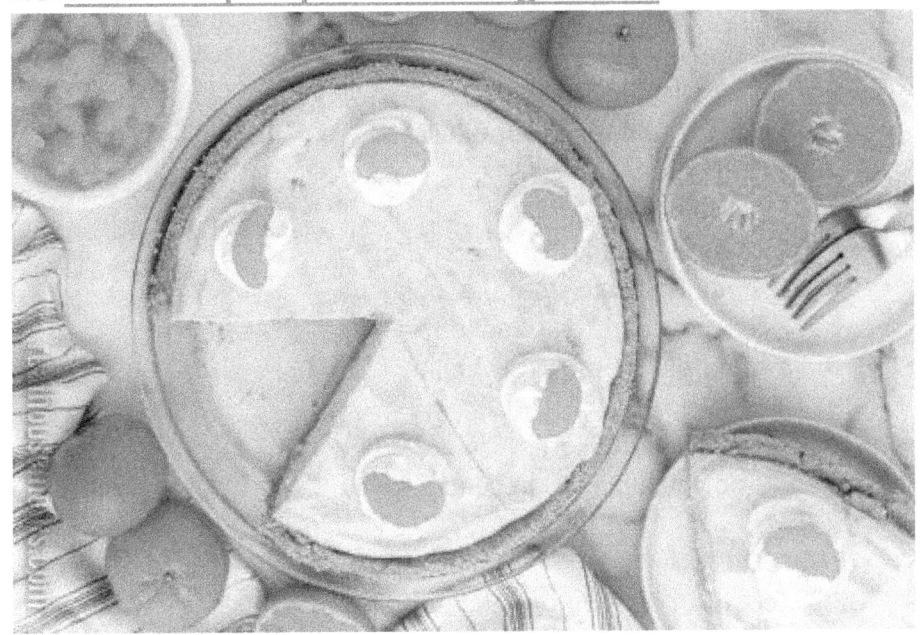

**SESTAVINE:**
- 6 unč zamrznjenega koncentrata pomarančnega soka, delno odmrznjenega
- ⅓ skodelice hladne vode
- 1 ovojnica želatine brez okusa
- 2 rumenjaka
- 1 skodelica vode
- ¼ čajne žličke soli
- 1 skodelica težke smetane, ohlajena
- 2 žlici slaščičarskega sladkorja
- 1 čajna žlička ekstrakta vanilije
- 2 beljaka
- ¼ skodelice sladkorja
- 1 9-palčna lupina za pečeno pecivo

**NAVODILA:**
a) Želatino potresemo s hladno vodo na vrhu parnega kotla, da se zmehča.
b) Rumenjake, preostalo vodo in sol stepemo. Vmešajte želatino.
c) Nad vrelo vodo ob stalnem mešanju kuhamo, dokler se želatina ne raztopi in zmes nekoliko zgosti, približno 5 minut.
d) Takoj odstavite z ognja, dodajte koncentrat pomarančnega soka in mešajte, dokler se ne zmeša. Ohladite in občasno premešajte, dokler se mešanica ne zgrne, ko jo spustite z žlice (ali ohladite nad ledom in vodo ter pogosto mešajte).
e) Medtem stepamo smetano, dokler ne nastanejo mehki vrhovi. Z zadnjimi nekaj potezami stepite slaščičarski sladkor in vanilijev ekstrakt; postavite v hladilnik.
f) S čistim stepalnikom penasto stepite beljake. Postopoma dodajte granulirani sladkor in nadaljujte s stepanjem, dokler ne nastanejo zaobljeni vrhovi.
g) Vmešajte mešanico želatine in nato stepeno smetano. Spremenite ga v lupino pečenega testa. S hrbtno stranjo žlice zavrtite vrh.
h) Dobro ohladite. Po želji pito okrasite s pomarančnimi deli in izrezki iz peciva.

## 26.Peachy Šifon pita

**SESTAVINE:**
- 1 ovojnica želatine brez okusa
- 1¼ skodelice Dr Pepper
- ¼ čajne žličke soli
- ½ skodelice sladkorja
- 3 jajca; ločeni
- 1 žlica limoninega soka
- ¼ skodelice sladkorja
- 1¼ skodelice konzerviranih breskev; narezano in na kocke
- 1 9-palčna lupina za pito

**NAVODILA:**
a) Želatino zmešajte z Dr Pepperjem. Dati na stran.
b) Zmešajte sol, ½ skodelice sladkorja in stepene rumenjake na vrhu dvojnega kotla. Vmešajte mešanico želatine.
c) Kuhamo in mešamo nad vrelo vodo, dokler se rahlo ne zgosti.
d) Dodajte limonin sok. Ohladite, dokler se delno ne strdi, občasno premešajte.
e) Beljake penasto stepite. Postopoma dodajte ¼ skodelice sladkorja in stepajte, dokler ne nastanejo čvrsti vrhovi .
f) Zložite mešanico želatine; nato zložite breskve.
g) Ohladite, dokler se mešanica ne nakoplje, ko jo kapljate z žlice.
h) Vlijemo v hladen pekač za pito.
i) Ohladite do trdnega.
j) Postrezite navadno ali okrašeno s stepeno smetano in dodatno narezanimi breskvami.

## 27.Šifonova pita z arašidovim maslom

**SESTAVINE:**
- ½ skodelice sladkorja
- 2 čajni žlički želatine brez okusa
- ½ čajne žličke muškatnega oreščka
- ¼ čajne žličke soli
- 1 skodelica vode
- ½ skodelice arašidovega masla
- 2 rumenjaka, rahlo stepena
- 1 čajna žlička vanilije
- 2 beljaka
- 2 žlici sladkorja
- ½ skodelice smetane za stepanje
- 1 popolnoma zrela banana (neobvezno)
- 19" pečeno pecivo, ohlajeno

**NAVODILA:**
a) Zmešajte prve 4 sestavine.
b) Arašidovo maslo počasi dodajajte vodo. Mešajte do gladkega; vmešamo rumenjake.
c) Dodamo mešanico želatine. Ohladimo in mešamo, dokler se zmes nekoliko ne zgosti. Dodajte vanilijo in ohladite, dokler se delno ne strdi.
d) Beljake stepemo v čvrst sneg, dodamo 2 žlici sladkorja, stepemo v čvrst sneg; vmešamo v prvo mešanico.
e) Smetano stepemo do trdega in jo vmešamo v zmes za pito.
f) Banano po želji narežite na pekač in prelijte z nadevom.
g) Okrasite s kroglicami smetane za stepanje z rezino banane v vsako kroglico.

# SIRNI POGODKI IZ ŠIFONA

## 28. Ananasov šifonov kolač brez peke

**SESTAVINE:**
- 1 ½ skodelice drobtin graham krekerja
- ¼ skodelice nesoljenega masla, stopljenega
- 8 unč lahkega kremnega sira, zmehčanega
- ½ skodelice sladkorja v prahu
- 1 pločevinka (20 unč) zdrobljenega ananasa, odcejenega
- 1 skodelica stepenega preliva (kot je Cool Whip ali domača stepena smetana)

**NAVODILA:**
a) V skledi za mešanje zmešajte drobtine graham krekerja in stopljeno maslo. Mešajte, dokler drobtine niso enakomerno prekrite.
b) Mešanico pritisnite na dno namaščenega ali obloženega 9-palčnega pekača za pite, da nastane skorja. Postavite v hladilnik, da se med pripravo nadeva strdi.
c) V ločeni skledi za mešanje stepite rahel kremni sir in sladkor v prahu, dokler ne postane gladka in kremasta.
d) Dodamo odcejen zdrobljen ananas in stepen preliv, da se dobro povežeta.
e) Na pripravljeno skorjo prelijemo nadev, ki ga enakomerno razporedimo.
f) Cheesecake postavite v hladilnik za vsaj 4 ure ali dokler se strdi.
g) Narežite in uživajte v tej lahki in osvežilni ananasovi šifonovi torti brez peke!

## 29. Marelična šifonova torta brez peke

**SESTAVINE:**
- 2 skodelici drobtin graham krekerja
- ½ skodelice nesoljenega masla, stopljenega
- 1 (8 unč) paket kremnega sira, zmehčanega
- ½ skodelice sladkorja v prahu
- 1 čajna žlička vanilijevega ekstrakta
- 1 skodelica težke smetane, stepene
- 1 skodelica marelične konzerve
- 1 žlica želatine
- ¼ skodelice vode

**NAVODILA:**
a) Sledite korakom 1–6 iz prejšnjega recepta, da pripravite skorjo graham krekerja in nadev iz kremnega sira.
b) V majhni skledi, primerni za mikrovalovno pečico, potresemo želatino z vodo in pustimo stati 5 minut, da se zmehča.
c) Mešanico želatine segrevajte v mikrovalovni pečici približno 20 sekund ali dokler se želatina popolnoma ne raztopi . Pustimo, da se nekoliko ohladi.
d) V ločeni skledi stepite smetano, dokler ne nastanejo mehki vrhovi.
e) Stepeno smetano nežno vmešajte v mešanico kremnega sira.
f) Ohlajeno želatino med neprekinjenim upogibanjem postopoma vlivamo v mešanico kremnega sira.
g) Razporedite marelične konzerve po skorji graham krekerja.
h) Mešanico kremnega sira prelijte čez konzerve in jo enakomerno porazdelite.
i) Pekač pokrijemo s plastično folijo in postavimo v hladilnik za vsaj 4 ure ali čez noč, da se strdi.
j) Ko je strjen, odstranite stene pekača in sirni kolač razrežite za serviranje.

# 30. Limonin šifon češnjev cheesecake

**SESTAVINE:**
**SKORJA:**
- ¼ skodelice drobtin graham krekerja

**POLNJENJE:**
- 3 unče limone želatine v prahu
- ⅔ skodelice vrele vode
- 1½ skodelice skute z nizko vsebnostjo maščob
- 4 unče kremnega sira brez maščobe
- 1 paket stepene smetane, svetle

**PRELIV:**
- 1 pločevinka nadeva za češnjevo pito (20 unč)

**NAVODILA:**
**SKORJA:**
a) Na dno in stranice rahlo poškropljenega 9-palčnega krožnika za pito potresemo drobtine graham krekerja.

**POLNJENJE:**
b) Raztopite želatino v vreli vodi; vlijemo v blender.
c) Dodamo skuto in kremni sir; pokrov.
d) Mešajte približno tri minute, po potrebi strgajte po straneh.
e) Zmes vlijemo v večjo skledo.
f) Stepeno smetano vmešajte v sirno mešanico.
g) Ohladite, dokler se ne strdi, približno 5-6 ur.

**PRELIV:**
h) Cheesecake prelijemo z nadevom za češnjevo pito.
i) Uživajte v svoji čudoviti sirni torti iz limoninega šifona in češnje!

## 31. Borovničev šifon Cheesecake

**SESTAVINE:**
- 1 1/2 skodelice drobtin graham krekerja
- 1/4 skodelice granuliranega sladkorja
- 1/2 skodelice nesoljenega masla, stopljenega
- 1 ovojnica želatine brez okusa
- 1/4 skodelice hladne vode
- 1 skodelica svežih ali zamrznjenih borovnic
- 16 oz kremnega sira, zmehčanega
- 1/2 skodelice sladkorja v prahu
- 1 čajna žlička vanilijevega ekstrakta
- 1 skodelica težke smetane, stepene

**NAVODILA:**
a) V skledi zmešajte drobtine graham krekerja, granulirani sladkor in stopljeno maslo, dokler se ne združijo. Mešanico pritisnite na dno 9-palčne vzmetne ponve. Med pripravo nadeva ohladite v hladilniku.
b) V manjši kozici želatino prelijemo s hladno vodo in pustimo stati 1 minuto. Segrevajte na majhnem ognju in mešajte, dokler se želatina popolnoma ne raztopi. Odstranite z ognja in pustite, da se nekoliko ohladi.
c) V mešalniku ali kuhinjskem robotu pretlačite borovnice do gladkega. Pire precedite skozi fino mrežasto cedilo, da odstranite semena.
d) V skledi za mešanje stepite kremni sir do gladkega. Dodajte sladkor v prahu in vanilijev ekstrakt ter mešajte, dokler se dobro ne poveže.
e) Mešanici s kremnim sirom postopoma dodajajte borovničev pire in stepajte do gladkega.
f) Vmešajte stepeno smetano, dokler ni dobro vmešana.
g) Mešanico želatine postopoma vlijte v borovničevo mešanico in nenehno mešajte, dokler se ne poveže.
h) Na pripravljeno skorjo prelijemo nadev in ga enakomerno razporedimo. Hladite v hladilniku vsaj 4 ure ali dokler se ne strdi.
i) Ko je kolač strjen, ga previdno odstranite iz pekača. Postrezite ohlajeno in po želji okrasite s svežimi borovnicami.

## 32. Ananasova šifonova torta s sirom

## SESTAVINE:
### SKORJA:
- 1 skodelica grahamovih drobtin
- 1 žlica Tub margarine
- 1 žlica lahkega koruznega sirupa
- ½ žlice vode

### POLNJENJE:
- ¼ skodelice hladne vode
- ¼ skodelice suhega mleka Instant NF
- 20 unč konzerviranega zdrobljenega ananasa, neodcejenega
- 1 paket PLUS 1 čajna žlička želatine brez okusa
- ¾ skodelice PLUS 2 žlici sladkorja
- 3 žlice limoninega soka
- 1½ čajne žličke vanilije
- ¾ čajne žličke drobno naribane limonine lupinice
- 6 unč kremnega sira LF, na kocke, sobna temp.
- ¾ skodelice NF navadnega jogurta

## NAVODILA:
a) V kuhinjskem robotu zmešajte grahamove drobtine in margarino ter rahlo premešajte.

b) V majhni skodelici mešajte koruzni sirup in vodo, dokler se dobro ne zmešata. Prelijte čez drobtine in ponovno mešajte, dokler se dobro ne premešajo in držijo skupaj (dodajte nekaj kapljic vode, če je preveč suho). Pritisnite na dno razpršene 9-palčne vzmetne oblike in pecite pri 350F 7-10 minut, dokler ni čvrsta in rahlo rjava. Ohladite na rešetki.

c) V majhni skledi postopoma stepajte vodo v suho mleko, dokler ni gladka. Hladite v zamrzovalniku 40-50 minut, dokler ne zamrzne, vendar ne popolnoma trdo (če zmes močno zmrzne, jo razdrobite z žlico in pustite na stran, dokler se rahlo ne zmehča).

d) Odcedite tekočino iz ananasa v majhno ponev in prihranite ananas. Po soku potresemo želatino. Pustite stati 5 minut ali dokler se ne zmehča. Postavite na srednji ogenj in neprestano mešajte, dokler se zmes ne segreje in se želatina raztopi. Odstavite in občasno premešajte , da se ne usede .

e) V kuhinjskem robotu zmešajte sladkor, limonin sok, vanilijo in lupinico ter jih dobro premešajte . Ko stroj deluje, dodajte kremni sir in mešajte, dokler ni gladka. Vmešajte ananas in odstavite.
f) Zamrznjeno mleko prenesite v veliko posodo za mešanje. Stepajte z mešalnikom pri visoki moči 5-7 minut do mehkih vrhov. (Bodi potrpežljiv)
g) V mešanico želatine vmešajte jogurt do gladkega. Takoj dodajte stepenemu mleku in stepajte še 2 minuti. Mešajte mešanico kremnega sira, dokler se ne zmeša in postane gladka.
h) Vlijemo v skorjo in gladimo površino. Hladite vsaj 1 uro.
i) Prelijemo z ananasovo glazuro.

## 33. Pomarančni šifonov kolač s sirom

**SESTAVINE:**
**SKORJA:**
- 2 skodelici drobtin Graham krekerja
- 1 palčka (½ skodelice) dietne palčke margarine, stopljene

**ORANŽNI NADEV:**
- 1 skodelica pomarančnega soka
- 1 ovojnica želatine brez okusa
- 12 unč Nizkokalorični kremni sir (Neufchâtel), zmehčan
- 1 skodelica delno posnetega sira ricotta
- 12 paketov enakega sladila
- 1 paket nizkokalorične stepene mešanice za preliv
- ½ skodelice posnetega mleka
- 2 srednji pomaranči, olupljeni, brez semen in narezani (približno 1 skodelica sesekljanih pomarančnih koščkov)
- 1 pomaranča, olupljena in narezana na rezine za okras (po želji)

**NAVODILA:**
**SKORJA:**
a) 9-palčno vzmetno ponev popršite z nelepljivim razpršilom za zelenjavo.
b) Sestavine za skorjo temeljito premešajte in pritisnite na dno in polovico navzgor ob straneh pekača.
c) Pečemo v predhodno ogreti pečici na 350 stopinj 8 do 10 minut ali dokler ni strjeno. Kul.

**ORANŽNI NADEV:**
d) V majhno ponev vlijemo pomarančni sok. Želatino potresemo po pomarančnem soku in pustimo 1 minuto, da se zmehča.
e) Med nenehnim mešanjem segrevajte, dokler se želatina ne raztopi (približno 3 minute).
f) V veliki skledi zmešajte kremni sir in sir ricotta do gladkega.
g) Pripravite stepen preliv v skladu z navodili na embalaži in vodo zamenjajte z mlekom.
h) Stepen preliv vmešamo v sirno mešanico.
i) Vmešamo sesekljane pomaranče.
j) Na pripravljeno skorjo z žlico naložimo nadev in ga enakomerno razporedimo.
k) Hladite 6 ur ali čez noč.
l) Po želji okrasite z rezini pomaranče.
m) Uživajte v okusni pomarančni šifonovi torti s sirom!

## 34. Passionfruit Šifon Cheesecake

**SESTAVINE:**

**ZA BAZO:**
- 1 skodelica piškotnih drobtin (priporočeni so škotski keksi)
- ¼ skodelice kokosa
- 80 g masla, stopljenega

**ZA CHEESECAKE:**
- 500 g kremnega sira, zmehčanega
- ½ skodelice železnega sladkorja
- 3 čajne žličke želatine
- ¼ skodelice vrele vode
- 225 g koščkov bele čokolade
- ½ skodelice pasijonke
- Lupina 2 limet
- 300 ml zgoščene smetane
- 4 jajčni beljaki
- ¼ skodelice železnega sladkorja
- ¼ skodelice pulpe pasijonke (ekstra, za pokapanje)
- 300 ml zgoščene smetane
- 2 žlici želenega sladkorja

**NAVODILA:**

a) S kuhalnico oblikujte 1 skodelico piškotnih drobtin tako, da obdelate sladke piškote.

b) 20 cm (8-palčni) okrogel vzmetni pekač namastite in obložite s papirjem za peko.

c) V veliki skledi zmešajte piškotne drobtine, kokos in stopljeno maslo. Temeljito premešajte.

d) Piškotne drobtine stresemo na dno pekača, enakomerno pritisnemo in ohladimo v hladilniku.

e) V ločeni skledi stepite 300 ml zgoščene smetane do mehkih vrhov. Dati na stran.

f) Beljake stepamo v majhni posodi, dokler ne nastanejo mehki snegovi. Dati na stran.

g) V posodi nad vrelo vodo raztopimo belo čokolado. Mešajte, dokler ni gladka in popolnoma stopljena. Odstavite z ognja in pustite, da se nekoliko ohladi .

h) V drugi veliki skledi z električnim mešalnikom stepite kremni sir in sladkor do gladkega.
i) Želatino raztopimo v vreli vodi in jo skupaj z belo čokolado in limetino lupinico dodamo mešanici kremnega sira. Nežno stepajte, da se združi.
j) Dodajte pulpo pasijonke in nežno premešajte.
k) Vmešamo stepeno smetano, nato pa še stepene beljake.
l) Zmes prelijemo čez piškotno podlago v pekaču.
m) Ohladite in pustite , da se strdi vsaj 3 ure (po možnosti dlje).
n) Ko strdi, naredite glazuro tako, da v majhni kozici segrejete ¼ skodelice pasijonkine pulpe s sladkorjem v prahu. Dušimo približno 5 minut, dokler se ne zgosti. Kul.
o) Stepajte 300 ml zgoščene smetane in 2 žlici sladkorja, dokler ne nastanejo čvrsti vrhovi.
p) Stepeno smetano nanesite čez cheesecake in po vrhu pokapajte pasijonkino glazuro.
q) Pred serviranjem vrnite v hladilnik, da se ohladi.

## 35. Mango Chiffon Cheesecake

## SESTAVINE:
- 1 1/2 skodelice drobtin graham krekerja
- 1/4 skodelice granuliranega sladkorja
- 1/2 skodelice nesoljenega masla, stopljenega
- 1 ovojnica želatine brez okusa
- 1/4 skodelice hladne vode
- 1 skodelica mangovega pireja
- 16 oz kremnega sira, zmehčanega
- 1/2 skodelice sladkorja v prahu
- 1 čajna žlička vanilijevega ekstrakta
- 1 skodelica težke smetane, stepene

## NAVODILA:
a) V skledi zmešajte drobtine graham krekerja, granulirani sladkor in stopljeno maslo, dokler se ne združijo. Mešanico pritisnite na dno 9-palčne vzmetne ponve. Med pripravo nadeva ohladite v hladilniku.

b) V manjši kozici želatino prelijemo s hladno vodo in pustimo stati 1 minuto. Segrevajte na majhnem ognju in mešajte, dokler se želatina popolnoma ne raztopi. Odstranite z ognja in pustite, da se nekoliko ohladi.

c) V skledi za mešanje stepite kremni sir do gladkega. Dodajte sladkor v prahu in vanilijev ekstrakt ter mešajte, dokler se dobro ne poveže.

d) Mešanici s kremnim sirom postopoma dodajte mangov pire in stepajte do gladkega.

e) Vmešajte stepeno smetano, dokler ni dobro vmešana.

f) Mešanico želatine postopoma vlijte v mešanico manga in nenehno mešajte, dokler se ne poveže.

g) Na pripravljeno skorjo prelijemo nadev in ga enakomerno razporedimo. Hladite v hladilniku vsaj 4 ure ali dokler se ne strdi.

h) Ko je kolač strjen, ga previdno odstranite iz pekača. Postrezite ohlajeno in po želji okrasite z rezinami svežega manga.

## 36. Malina Šifon Cheesecake

**SESTAVINE:**
- 1 1/2 skodelice drobtin graham krekerja
- 1/4 skodelice granuliranega sladkorja
- 1/2 skodelice nesoljenega masla, stopljenega
- 1 ovojnica želatine brez okusa
- 1/4 skodelice hladne vode
- 1 skodelica svežih ali zamrznjenih malin
- 16 oz kremnega sira, zmehčanega
- 1/2 skodelice sladkorja v prahu
- 1 čajna žlička vanilijevega ekstrakta
- 1 skodelica težke smetane, stepene

**NAVODILA:**
a) V skledi zmešajte drobtine graham krekerja, granulirani sladkor in stopljeno maslo, dokler se ne združijo. Mešanico pritisnite na dno 9-palčne vzmetne ponve. Med pripravo nadeva ohladite v hladilniku.
b) V manjši kozici želatino prelijemo s hladno vodo in pustimo stati 1 minuto. Segrevajte na majhnem ognju in mešajte, dokler se želatina popolnoma ne raztopi. Odstranite z ognja in pustite, da se nekoliko ohladi.
c) V blenderju ali kuhinjskem robotu pretlačite maline do gladkega. Pire precedite skozi fino mrežasto cedilo, da odstranite semena.
d) V skledi za mešanje stepite kremni sir do gladkega. Dodajte sladkor v prahu in vanilijev ekstrakt ter mešajte, dokler se dobro ne poveže.
e) V mešanico kremnega sira postopoma dodajajte malinov pire in stepajte do gladkega.
f) Vmešajte stepeno smetano, dokler ni dobro vmešana.
g) Mešanico želatine postopoma vlijte v mešanico malin in nenehno mešajte, dokler se ne poveže.
h) Na pripravljeno skorjo prelijemo nadev in ga enakomerno razporedimo. Hladite v hladilniku vsaj 4 ure ali dokler se ne strdi.
i) Ko je kolač strjen, ga previdno odstranite iz pekača. Postrezite ohlajeno in po želji okrasite s svežimi malinami.

## 37. Robidni šifonov kolač s sirom

**SESTAVINE:**
- 1 1/2 skodelice drobtin graham krekerja
- 1/4 skodelice granuliranega sladkorja
- 1/3 skodelice nesoljenega masla, stopljenega
- 1 1/2 skodelice svežih robid
- 2 žlici limoninega soka
- 2 žlički koruznega škroba
- 3 paketi (po 8 unč) kremnega sira, zmehčanega
- 1 skodelica sladkorja v prahu
- 1 čajna žlička vanilijevega ekstrakta
- 1 skodelica težke smetane, stepene

**NAVODILA:**
a) Pečico segrejte na 325 °F (160 °C). Namastite 9-palčni vzmetni pekač.
b) V skledi zmešajte drobtine graham krekerja, kristalni sladkor in stopljeno maslo. Zmes vtisnite na dno pripravljenega pekača.
c) V majhni ponvi zmešajte robide, limonin sok in koruzni škrob. Kuhajte na srednjem ognju, dokler se ne zgosti, ob stalnem mešanju. Odstranite z ognja in pustite, da se ohladi.
d) V veliki skledi za mešanje stepite kremni sir, sladkor v prahu in vanilijev ekstrakt, dokler ni gladka.
e) Nežno vmešajte stepeno smetano, dokler se dobro ne poveže.
f) Polovico mešanice kremnega sira razporedite po pripravljeni skorji.
g) Polovico mešanice robid z žlico nanesite na plast kremnega sira in premešajte z nožem.
h) Ponovite s preostalo mešanico kremnega sira in mešanico robid.
i) Pečemo 45-50 minut ali dokler se sredina ne strdi.
j) Pustite, da se cheesecake ohladi v pekaču na rešetki. Pred serviranjem hladite vsaj 4 ure ali čez noč.

## 38. Matcha Šifon Cheesecake

**SESTAVINE:**
**ZA ŠIFON TORTO:**
- 4 velika jajca, ločena
- 1/4 skodelice granuliranega sladkorja
- 1/4 skodelice rastlinskega olja
- 1/4 skodelice mleka
- 1 čajna žlička vanilijevega ekstrakta
- 1 skodelica moke za torte
- 1 žlica matcha prahu
- 1 čajna žlička pecilnega praška
- 1/4 čajne žličke soli

**ZA NADEV CHEESECAKE:**
- 8 oz kremni sir, zmehčan
- 1/2 skodelice sladkorja v prahu
- 1 čajna žlička matcha prahu
- 1 skodelica težke smetane, ohlajena
- 1 čajna žlička vanilijevega ekstrakta

**NAVODILA:**
a) Pečico segrejte na 325 °F (160 °C). Namastite in obložite dno 8-palčnega okroglega pekača za torte s pergamentnim papirjem.
b) V veliki skledi za mešanje stepite rumenjake z 2 žlicama sladkorja, da postanejo bledi in kremasti. Dodajte rastlinsko olje, mleko in vanilijev ekstrakt ter mešajte, dokler se dobro ne poveže.
c) Skupaj presejte moko za torte, matcha prašek, pecilni prašek in sol. Rumenjakovi zmesi postopoma dodajajte suhe sestavine in mešajte do gladkega.
d) V ločeni čisti posodi penasto stepemo beljake. Postopoma dodajte preostali 2 žlici sladkorja in nadaljujte s stepanjem, dokler ne nastanejo čvrsti vrhovi.
e) Stepene beljake nežno vmešajte v testo, dokler ne ostanejo nobene proge.
f) Testo vlijemo v pripravljen pekač za torte in po vrhu zgladimo. Pecite v predhodno ogreti pečici 30-35 minut oziroma dokler zobotrebec, ki ga zapičite v sredino, ne izstopi čist.

g) Torto vzamemo iz pečice in pustimo, da se popolnoma ohladi v pekaču na rešetki.
h) Medtem ko se torta hladi, pripravimo nadev za cheesecake. V skledi za mešanje stepite zmehčan kremni sir do gladkega. Dodamo sladkor v prahu in matcha prah ter stepamo, da se dobro poveže in postane kremasto.
i) V drugi skledi stepite ohlajeno smetano z ekstraktom vanilje, dokler ne nastanejo čvrsti vrhovi.
j) Stepeno smetano nežno vmešajte v mešanico kremnega sira, dokler ni gladka in dobro združena.
k) Ko se šifonova torta popolnoma ohladi, jo previdno vodoravno razrežemo na dve plasti.
l) Eno plast šifonske torte položite na servirni krožnik ali stojalo za torto. Po tortni plasti namažite izdatno količino nadeva iz matcha sira.
m) Na vrh nadeva položite drugo plast šifonske torte. Preostali nadev iz matcha sira premažite po vrhu in straneh torte.
n) Torto hladite vsaj 4 ure ali dokler se ne strdi.
o) Preden postrežete, lahko vrh torte po želji potresete z dodatnim matcha prahom za dekoracijo.
p) Ohlajeno matcha šifonovo torto narežemo in postrežemo. Uživajte!

## 39. Ingverjev hruškov šifonov kolač s sirom

## SESTAVINE:
### ZA ŠIFON TORTO:
- 4 velika jajca, ločena
- 1/4 skodelice granuliranega sladkorja
- 1/4 skodelice rastlinskega olja
- 1/4 skodelice mleka
- 1 čajna žlička vanilijevega ekstrakta
- 1 skodelica moke za torte
- 1 čajna žlička mletega ingverja
- 1 čajna žlička pecilnega praška
- 1/4 čajne žličke soli

### ZA NADEV CHEESECAKE:
- 8 oz kremni sir, zmehčan
- 1/2 skodelice sladkorja v prahu
- 1/2 čajne žličke mletega ingverja
- 1 čajna žlička vanilijevega ekstrakta
- 1 skodelica težke smetane, ohlajena

Za hruškov preliv:
- 2 zreli hruški, olupljeni, brez peščic in narezani na rezine
- 2 žlici nesoljenega masla
- 2 žlici rjavega sladkorja
- 1 čajna žlička mletega cimeta
- 1/2 čajne žličke mletega ingverja
- 1/4 skodelice vode

### NAVODILA:
a) Pečico segrejte na 325 °F (160 °C). Namastite in obložite dno 8-palčnega okroglega pekača za torte s pergamentnim papirjem.
b) V veliki skledi za mešanje stepite rumenjake z 2 žlicama sladkorja, da postanejo bledi in kremasti. Dodajte rastlinsko olje, mleko in vanilijev ekstrakt ter mešajte, dokler se dobro ne poveže.
c) Skupaj presejte moko za torte, mleti ingver, pecilni prašek in sol. Rumenjakovi zmesi postopoma dodajajte suhe sestavine in mešajte do gladkega.
d) V ločeni čisti posodi penasto stepemo beljake. Postopoma dodajte preostali 2 žlici sladkorja in nadaljujte s stepanjem, dokler ne nastanejo čvrsti vrhovi.

e) Stepene beljake nežno vmešajte v testo, dokler ne ostanejo nobene proge.
f) Testo vlijemo v pripravljen pekač za torte in po vrhu zgladimo. Pecite v predhodno ogreti pečici 30-35 minut oziroma dokler zobotrebec, ki ga zapičite v sredino, ne izstopi čist.
g) Torto vzamemo iz pečice in pustimo, da se popolnoma ohladi v pekaču na rešetki.
h) Medtem ko se torta hladi, pripravimo nadev za cheesecake. V skledi za mešanje stepite zmehčan kremni sir do gladkega. Dodamo sladkor v prahu, mleti ingver in vanilijev ekstrakt ter stepamo, dokler ni kremasta.
i) V drugi skledi stepemo ohlajeno smetano, dokler ne nastanejo čvrsti vrhovi. Stepeno smetano nežno vmešajte v mešanico kremnega sira, dokler ni gladka in dobro združena.
j) Ko se šifonova torta popolnoma ohladi, jo previdno vodoravno razrežemo na dve plasti.
k) Eno plast šifonske torte položite na servirni krožnik ali stojalo za torto. Razširite izdatno količino nadeva iz ingverjevega sira po tortni plasti.
l) Na vrh nadeva položite drugo plast šifonske torte. Preostali nadev za ingverjev sirnik razporedite po vrhu in straneh torte.
m) Za pripravo hruškovega preliva v ponvi na srednjem ognju raztopimo maslo. Dodamo narezane hruške, rjavi sladkor, mleti cimet, mleti ingver in vodo. Med občasnim mešanjem kuhajte, dokler se hruške ne zmehčajo in karamelizirajo, približno 5-7 minut . Odstranite z ognja in pustite, da se nekoliko ohladi.
n) Prelijte karameliziran hruškov preliv po vrhu sira.
o) Cheesecake postavite v hladilnik za vsaj 4 ure ali dokler se ne strdi.
p) Pred serviranjem lahko vrh cheesecakea po želji okrasite z dodatnimi rezinami sveže hruške.
q) Ingverjevo hruškovo šifonovo sirarsko torto narežemo in postrežemo ohlajeno. Uživajte v slastni kombinaciji pikantnega ingverja, sladkih hrušk in kremastega nadeva za sirovo torto!

# 40.Karamelizirana bananina šifonova torta s sirom

**SESTAVINE:**
**ZA ŠIFON TORTO:**
- 4 velika jajca, ločena
- 1/4 skodelice granuliranega sladkorja
- 1/4 skodelice rastlinskega olja
- 1/4 skodelice mleka
- 1 čajna žlička vanilijevega ekstrakta
- 1 skodelica moke za torte
- 1 čajna žlička pecilnega praška
- 1/4 čajne žličke soli

**ZA NADEV CHEESECAKE:**
- 8 oz kremni sir, zmehčan
- 1/2 skodelice sladkorja v prahu
- 1 čajna žlička vanilijevega ekstrakta
- 1 skodelica težke smetane, ohlajena

**ZA KARAMELIZIRAN BANANIN PRELIV:**
- 2 zreli banani, narezani na rezine
- 2 žlici nesoljenega masla
- 1/4 skodelice rjavega sladkorja
- 1/4 čajne žličke mletega cimeta
- 1/4 skodelice težke smetane

**NAVODILA:**
a) Pečico segrejte na 325 °F (160 °C). Namastite in obložite dno 8-palčnega okroglega pekača za torte s pergamentnim papirjem.
b) V veliki skledi za mešanje stepite rumenjake z 2 žlicama sladkorja, da postanejo bledi in kremasti. Dodajte rastlinsko olje, mleko in vanilijev ekstrakt ter mešajte, dokler se dobro ne poveže.
c) Skupaj presejte moko za torte, pecilni prašek in sol. Rumenjakovi zmesi postopoma dodajajte suhe sestavine in mešajte do gladkega.
d) V ločeni čisti posodi penasto stepemo beljake. Postopoma dodajte preostali 2 žlici sladkorja in nadaljujte s stepanjem, dokler ne nastanejo čvrsti vrhovi.
e) Stepene beljake nežno vmešajte v testo, dokler ne ostanejo nobene proge.

f) Testo vlijemo v pripravljen pekač za torte in po vrhu zgladimo. Pecite v predhodno ogreti pečici 30-35 minut oziroma dokler zobotrebec, ki ga zapičite v sredino, ne izstopi čist.
g) Torto vzamemo iz pečice in pustimo, da se popolnoma ohladi v pekaču na rešetki.
h) Medtem ko se torta hladi, pripravimo nadev za cheesecake. V skledi za mešanje stepite zmehčan kremni sir do gladkega. Dodamo sladkor v prahu in vanilijev ekstrakt ter stepamo, da se dobro poveže in postane kremasto.
i) V drugi skledi stepemo ohlajeno smetano, dokler ne nastanejo čvrsti vrhovi. Stepeno smetano nežno vmešajte v mešanico kremnega sira, dokler ni gladka in dobro združena.
j) Ko se šifonova torta popolnoma ohladi, jo previdno vodoravno razrežemo na dve plasti.
k) Eno plast šifonske torte položite na servirni krožnik ali stojalo za torto. Po tortni plasti namažite veliko količino nadeva za sirno torto.
l) Na vrh nadeva položite drugo plast šifonske torte. Preostali nadev za sirne torte premažite po vrhu in straneh torte.
m) Za pripravo karameliziranega bananinega preliva v ponvi na srednjem ognju stopite maslo. Dodamo narezane banane, rjavi sladkor in mleti cimet. Med občasnim mešanjem kuhajte, dokler se banane ne zmehčajo in karamelizirajo, približno 5-7 minut. Odstranite z ognja in pustite, da se nekoliko ohladi.
n) V ločeni majhni kozici segrejte smetano, dokler ni topla. Toplo smetano prelijemo čez karamelizirane banane in mešamo, dokler se dobro ne povežejo.
o) Prelijte karameliziran bananin preliv po vrhu sirove torte.
p) Cheesecake postavite v hladilnik za vsaj 4 ure ali dokler se ne strdi.
q) Pred serviranjem lahko vrh cheesecakea po želji okrasite z dodatnimi rezinami sveže banane.
r) Karamelizirano bananino šifonovo torto s sirom narežemo in postrežemo ohlajeno. Uživajte v okusni kombinaciji sladkih karameliziranih banan in kremastega nadeva za sirovo torto!

# TORTE IZ ŠIFONA

## 41.Šifonska torta Yuzu

## SESTAVINE:
- 3 beljaki
- 40 g finega sladkorja
- 3 rumenjaki
- 10 g finega sladkorja
- 20 g riževih otrobov/rastlinskega olja
- 40 g Yuzu soka
- 15 g korejskega citron čaja

## NAVODILA:
a) Dno 6" okroglega modela za torto obložite s pergamentnim papirjem. Strani ni treba namastiti.
b) Moko za torto dvakrat presejemo. Dati na stran.
c) Lupine citron čaja narežite na koščke. V majhni čaši zmešajte riževe otrobe/rastlinsko olje, sok yuzu in citron čaj. Dati na stran.
d) V ločeni skledi za mešanje stepite jajčni rumenjak z 10 g finega sladkorja, da postane bled in kremast
e) Mešanico dodajte postopoma.
f) Presejte in zmešajte moko v nekaj serijah, da preprečite premešanje moke. Pokrijte in postavite na stran.
g) V ločeni, čisti in brez maščobe posodi za mešanje penasto stepite beljak, nato postopoma dodajte 40 g sladkorja. Stepajte pri srednji do visoki hitrosti do skoraj trdega vrha.
h) V zadnji 1 minuti zmanjšajte hitrost mešalnika na nizko. Dati na stran.
i) Dodajte približno ⅓ meringue in dobro premešajte.
j) Prelijte nazaj, da se poveže s preostalo meringo. Zložite, da se združi v gladko testo.
k) Testo vlijte v nenamaščen 6" okrogel pekač za torte. Pekač udarite ob delovno površino, da odstranite morebitne ujete zračne mehurčke.
l) Pečemo v predhodno ogreti pečici na 140 stopinj Celzija približno 25 do 30 minut, na najnižji rešetki.
m) Ko torta naraste skoraj do roba tortnega modela, temperaturo povišamo na 170 stopinj Celzija za približno 10 do 15 minut.

n) 10 minut po peki na 170 stopinjah Celzija se je torta še dvigovala nad obod tortnega modela. 15 minut po peki na 170 stopinjah Celzija.
o) Vzamemo iz pečice in torto s pekačem 3x spustimo čez prt. Model takoj obrnemo nad rešetko, da se ohladi približno 25 minut.
p) Vročo torto približno 25 minut obrnite čez rešetko, ki leži na odprtem loncu za kuhanje riža. Zdi se mi, da je to lažje kot ravnotežje na dveh skledah,
q) Torto vzamemo iz modela in ohladimo nad rešetko.
r) Pred rezanjem torto pustite, da se popolnoma ohladi.

## 42. Čokoladna šifon torta

## SESTAVINE:
- 1 ¾ skodelice večnamenske moke
- 1 ½ skodelice granuliranega sladkorja
- ¾ skodelice nesladkanega kakava v prahu
- 1 ½ žličke pecilnega praška
- 1 čajna žlička sode bikarbone
- ½ čajne žličke soli
- ½ skodelice rastlinskega olja
- 7 velikih jajc, ločenih
- 1 skodelica vode
- 1 čajna žlička vanilijevega ekstrakta
- ½ žličke vinskega kamna

## ZA ČOKOLADNO STAPENO GLAZURO:
- 2 skodelici težke smetane, hladne
- ½ skodelice sladkorja v prahu
- ¼ skodelice nesladkanega kakava v prahu
- 1 čajna žlička vanilijevega ekstrakta

## NEOBVEZNI OKRAS:
- Čokoladni ostružki
- Sveže jagode

## NAVODILA:
### ZA ČOKOLADNO ŠIFON TORTO:
a) Pečico segrejte na 170 °C (340 °F) ter namastite in pomokajte 10-palčni cevasti pekač.
b) V veliki skledi za mešanje zmešajte moko, granulirani sladkor, kakav v prahu, pecilni prašek, sodo bikarbono in sol.
c) Na sredini suhih sestavin naredite jamico in dodajte rastlinsko olje, rumenjake, vodo in vanilijev ekstrakt. Mešajte dokler ni gladka in dobro združena.
d) V ločeni skledi z električnim mešalnikom stepemo beljake in vinski kamen v trd sneg.
e) Stepene beljake nežno vmešamo v čokoladno maso, pri čemer pazimo, da ne premešamo.
f) Testo vlijemo v pripravljen pekač in z lopatico zgladimo vrh.

g) Pecite v predhodno ogreti pečici približno 45-50 minut oziroma dokler zobotrebec, ki ga zapičite v sredino torte, ne izstopi čist.
h) Odstranite torto iz pečice in obrnite pekač na rešetko, da se popolnoma ohladi. To pomaga torti ohraniti višino in preprečuje, da bi se zrušila.

**ZA ČOKOLADNO STAPENO GLAZURO:**

i) V ohlajeni skledi za mešanje stepite smetano, sladkor v prahu, kakav v prahu in vanilijev ekstrakt, dokler ne nastanejo čvrsti vrhovi.
j) Pazimo, da ne stepemo preveč, saj lahko smetana postane maslo.

**SESTAVLJANJE:**

k) Ko se čokoladna šifon torta popolnoma ohladi, z nožem potegnite po robovih pekača, da se torta razrahlja. Odstranite ga iz pekača in položite na servirni krožnik.
l) Glazuro s stepeno čokolado premažite po vrhu in ob straneh torte, z lopatko ustvarite gladko in enakomerno plast.
m) Neobvezno: torto okrasite s čokoladnimi ostružki in svežimi jagodami za dodaten pridih elegance.
n) Narežite in postrezite čokoladno šifon torto ter uživajte v njeni lahki in čokoladni dobroti.

# 43. Šifonska torta Dalgona

**SESTAVINE:**

**ZA TORTO:**
- 6 velikih jajc, ločenih
- ½ skodelice granuliranega sladkorja
- ½ skodelice rastlinskega olja
- ½ skodelice kave Dalgona
- 1 čajna žlička vanilijevega ekstrakta
- 1 ½ skodelice moke za torte
- 2 žlički pecilnega praška
- ¼ čajne žličke soli

**ZA GLAZURO IZ STAPENE SMETNE KAVE DALGONA:**
- 1 ½ skodelice težke smetane, ohlajene
- ¼ skodelice sladkorja v prahu
- ¼ skodelice kave Dalgona
- Kakav v prahu (za posip, neobvezno)

**NAVODILA:**
a) Pečico segrejte na 325 °F (165 °C). Šifon pekač namastimo in pomokamo.
b) V veliki skledi za mešanje stepite rumenjake in sladkor skupaj do kremaste in bledo rumene barve.
c) Mešanici rumenjakov dodajte rastlinsko olje, kavo Dalgona in ekstrakt vanilije. Dobro premešaj.
d) V ločeni skledi zmešajte moko za torte, pecilni prašek in sol.
e) Postopoma dodajajte suhe sestavine mokrim sestavinam in mešajte, dokler se le ne povežejo. Pazite, da ne premešate preveč.
f) V drugi čisti skledi stepamo beljake do mehkega snega.
g) Stepene beljake nežno vmešajte v testo, dokler se dobro ne vmešajo.
h) Testo vlijemo v pripravljen šifonski pekač. Vrh zgladi z lopatko.
i) Pecite v predhodno ogreti pečici približno 45-50 minut oziroma dokler zobotrebec, ki ga zapičite v sredino torte, ne izstopi čist.
j) Torto vzamemo iz pečice in pustimo, da se ohladi obrnjena v pekaču, da se ne sesede.
k) Ko se torta popolnoma ohladi, jo previdno vzamemo iz pekača.

l) Za glazuro iz stepene smetane kave Dalgona stepite ohlajeno smetano in sladkor v prahu, dokler ne nastanejo mehki vrhovi. Dodajte kavo Dalgona in nadaljujte s stepanjem, dokler ne nastanejo trdi vrhovi.
m) Ohlajeno torto iz šifona premažite z glazuro iz stepene smetane Dalgona, tako da prekrijete vrh in stranice torte.
n) Neobvezno: vrh torte potresite s kakavom v prahu za dodaten okus in okras.
o) Dalgona Coffee Chiffon Cake narežite in postrezite. Uživajte!

## 44. Bananina šifon torta

**SESTAVINE:**
- 1 skodelica jajčnih beljakov
- ½ čajne žličke vinskega kamna
- 2¼ skodelice moke za torte
- 1 žlica pecilnega praška
- 1¼ skodelice sladkorja
- 5 rumenjakov
- 1 skodelica banane; Pire
- ½ skodelice olja
- 3 žlice burbona
- 1 čajna žlička vanilije
- 2 žlici burbona
- 1 žlica mleka
- 1½ skodelice slaščičarskega sladkorja; Presejano
- Jagode (za okras)
- Narezana banana (za okras)

**NAVODILA:**
a) Pečico segrejte na 325°F. Pripravite 10" cevasto ponev z odstranljivim dnom; ne namažite.
b) Beljakom dodamo vinsko kremo in z električnim mešalnikom stepamo trd sneg. Bodite previdni, da ne pretiravate.
c) V drugi skledi zmešajte moko, sladkor in pecilni prašek, dokler se dobro ne premešajo. Na sredini naredite jamico in dodajte rumenjake, pretlačene banane, olje, vodo z burbonom (⅓ skodelice) in vanilijo.
d) Sestavine v vdolbinici stepamo z električnim mešalnikom in postopoma od roba dodajamo suhe sestavine, dokler ne dobimo gladkega testa.
e) ⅓ testa prelijte čez beljake in hitro, a nežno mešajte, dokler se testo in beljak ne zmešata. Ta postopek dvakrat ponovite s preostalim testom.
f) Kombinirano testo vlijemo v pripravljen pekač. Pečemo 55 minut brez odpiranja vrat pečice, da torta ne pade. Zvišajte temperaturo pečice na 350 °F in pecite dodatnih 10-15 minut ali dokler zobotrebec, ki ga zapičite v sredino, ne izstopi čist.

g) Torto obesite na glavo, da se popolnoma ohladi. Ko se ohladi, torto odstranite iz pekača.

**GLAZURA:**

h) Segrejte burbon in mleko, da zavre. Vmešajte slaščičarski sladkor, dokler se ne raztopi.
i) Glazuro takoj pokapajte po vrhu in straneh torte.
j) Pustite, da se torta ohladi, dokler se glazura ne strdi, preden jo okrasite.
k) Okrasite z narezanimi bananami in jagodami.
l) Za serviranje torto razrežite z dolgim nazobčanim nožem.

## 45. Medena torta iz šifona

**SESTAVINE:**
- 4 jajca
- 1 skodelica sladkorja
- 1 skodelica olja
- 1½ skodelice medu
- 3 skodelice moke
- 3 čajne žličke pecilnega praška
- ½ čajne žličke sode bikarbone
- 1 čajna žlička cimeta
- 1 skodelica hladne kave

**NAVODILA:**
a) Pečico segrejte na 350 stopinj.
b) V veliki skledi dobro stepemo jajca. Dodamo sladkor in stepamo pri visoki hitrosti, dokler zmes ne postane svetla in kremasta.
c) Jajčni mešanici dodajte olje in med ter stepajte pri srednji hitrosti, dokler se dobro ne premešata.
d) V ločeni skledi zmešajte suhe sestavine moko, pecilni prašek, sodo bikarbono in cimet.
e) Jajčni mešanici izmenično z mrzlo kavo dodajte suhe sestavine.
f) Testo vlijemo v nenamaščen 10-palčni pekač.
g) Pečemo pri 350 stopinjah 15 minut, nato zmanjšamo temperaturo na 325 stopinj in pečemo še eno uro ali dokler zobotrebec, zaboden v sredino, ne pride ven čist.
h) Ko je torta pečena , jo obrnite in pustite, da se popolnoma ohladi, preden jo odstranite iz pekača.
i) Uživajte v okusni šifonovi medeni torti!

# 46. Tahini šifonova torta z medom in rabarbaro

## SESTAVINE:
**PREGORENI MED**
- ½ skodelice medu
- ½ čajne žličke košer soli
- ⅓ skodelice ohlajene smetane

**POŠIRANA RABARBARA**
- 3 stroki zelenega kardamoma, razpokani (neobvezno)
- 1 skodelica (200 g) organskega trsnega sladkorja ali granuliranega sladkorja
- 3 stebla rožnate rabarbare, obrežemo, odstranimo liste in narežemo na koščke

**TORTA IN MONTAŽA**
- Nelepljivo rastlinsko olje v spreju ali rastlinsko olje
- ½ skodelice (65 g) sezamovih semen
- ½ skodelice plus 1 čajna žlička (72 g) moke za torte
- 1 čajna žlička pecilnega praška
- ½ čajne žličke košer soli
- 2 večja rumenjaka sobne temperature
- 2 žlici plus ¾ čajne žličke (35 g) tahinija
- 8 žlic (100 g) organskega trsnega sladkorja ali granuliranega sladkorja, razdeljenega
- 3 večji beljaki sobne temperature
- ⅛ čajne žličke vinskega kamna ali kanček kisa ali svežega limoninega soka
- ⅔ skodelice ohlajene smetane

## NAVODILA:
**PREGORENI MED**

a) V srednji ponvi (nekoliko večji, kot mislite, da jo boste potrebovali, ker bo med brbotal) zavrite med na srednjem ognju in kuhajte, dokler ne postane zlato rjave barve in zadiši po popečenem kruhu, približno 2 minuti.

b) Odstavite z ognja in vmešajte sol. Previdno vlijemo smetano (to bo pomagalo ustaviti kuhanje). Med bo brbotal in pršil, zato bodite previdni.

c) Mešajte z leseno žlico ali gumijasto lopatico, dokler ni homogena. Pustite, da se mešanica zažganega medu ohladi, nato pa jo prenesite v nepredušno posodo.
d) Pokrijte in ohladite, dokler ni hladno, vsaj 3 ure. Naredite vnaprej: mešanico žganega medu lahko pripravite 3 dni vnaprej. Hraniti na hladnem.

## POŠIRANA RABARBARA

e) V srednji ponvi na srednje močnem ognju zavrite kardamom (če ga uporabljate), sladkor in ¾ skodelice vode ter mešajte, da se sladkor raztopi.
f) Če uporabljate kardamom, odstranite z ognja, pokrijte in pustite stati 15 minut, da se napolni. Sirup ponovno postavite na srednje močan ogenj in zavrite.
g) Dodajte rabarbaro in kuhajte, dokler mešanica ne začne spet brbotati; odstranite z ognja. Pokrijte in pustite stati, dokler se kosi rabarbare ne zmehčajo, vendar še vedno ohranijo svojo obliko, 70–80 minut. Naredite vnaprej: Rabarbaro lahko poširate 1 dan vnaprej. Prenesite v nepredušno posodo; pokrijte in ohladite.

## TORTA IN MONTAŽA

h) Pečico segrejte na 350°F. Pekač za torte rahlo premažite s sprejem proti sprijemanju ali ga rahlo naoljite. Dno obložite s pergamentnim papirjem in okrog poškropite ali naoljite. V ponev stresite sezamovo seme in ponev nežno pretresite in nagnite, da prekrijete dno in stranice, odstranite odvečno seme. V srednje veliko skledo presejte moko za torto, pecilni prašek in sol.
i) V majhni skledi penasto stepite rumenjake, tahini, 6 žlic (75 g) sladkorja in 3 žlice vode sobne temperature. Dodajte suhe sestavine in dobro premešajte; testo odstavite.
j) V skledi stoječega mešalnika, opremljenega z nastavkom za stepanje, na srednji hitrosti stepajte beljake in vinsko smetano, dokler se ne pojavijo penasti mehurčki, približno 15 sekund. Pri delujočem motorju potresite preostali 2 žlici (25 g) sladkorja po čajni žlički in stepajte 15–20 sekund po vsakem dodatku, da se meša, preden dodate več. (Vzemite si čas za pripravo močne meringue in vaša torta vam bo hvaležna za to.) Stepajte, dokler meringue ni sijajna in nastanejo trdi vrhovi.

k) Z gumijasto lopatico dodajte eno tretjino meringue v prihranjeno testo in jo prepognite, dokler ne postane progasta, pri tem pa pazite, da se meringue ne izprazni. Ponovite še dvakrat , preostalo meringo razdelite na pol in končni dodatek mešajte, dokler ne ostanejo nobene proge. Testo takoj postrgajte v pripravljen pekač in s pekačem rahlo potrkajte po pultu, da enakomerno porazdelite in izenačite velikost mehurčkov.

l) Pecite torto, dokler tester, vstavljen v sredino, ne pride ven čist, vrh pa se napihne in se ob nežnem pritisku odbije nazaj, 30–35 minut . Takoj obrnite torto na rešetko, odlepite pergament in obrnite desno stran navzgor.

m) Pustite, da se ohladi (vrh se bo sploščil, ko se ohladi). Torto obrnite na torto ali drug velik krožnik, tako da je sezamova skorja na vrhu.

n) Stepajte ohlajeno mešanico žganega medu in smetano v čisti skledi stoječega mešalnika, opremljenega z nastavkom za stepanje (tudi srednja skleda in metlica za stepanje bosta delovala), dokler ne nastanejo srednje čvrsti vrhovi. (Hočeš tisto popolno konsistenco, kjer obdrži svojo obliko na krožniku, vendar ima še vedno nekaj ohlapnosti.)

o) Za serviranje torto narežite na šest rezin z nazobčanim nožem z dolgim, nežnim gibom žaganja. To bo pomagalo ohraniti drobtine torte in vam dalo čisto rezino. Razdelite s prerezano stranjo navzdol na krožnike in zraven nalijte nekaj zvrhanih žlic žgane medene kreme.

p) Z vilicami iz sirupa poberemo 3–4 kose rabarbare in jih razporedimo po torti.

q) Po želji torto pokapljajte z malo rabarbarinega sirupa.

# 47. Šifonska torta s čokoladnimi koščki

**SESTAVINE:**
- 2¼ skodelice moke
- 1 žlica pecilnega praška
- 1 čajna žlička soli
- 1¾ skodelice sladkorja
- ½ skodelice rastlinskega olja
- ¾ skodelice vode
- 5 rumenjakov
- 2 čajni žlički ekstrakta vanilije
- 7 beljakov
- ½ čajne žličke vinskega kamna
- 1 unča (3 kvadrati) nesladkane čokolade, naribane
- 1 unča (3 kvadrati) nesladkane čokolade
- 3 žlice masti
- 2 skodelici sladkorja v prahu, presejanega
- ¼ skodelice (+1 žlica) mleka
- 1 čajna žlička ekstrakta vanilije

**NAVODILA:**
a) Skupaj presejemo moko, pecilni prašek, sol in sladkor. Na sredini suhih sestavin naredite jamico.
b) Dodamo olje, vodo, rumenjake in vanilijo. Stepajte na srednji hitrosti z električnim mešalnikom 2 minuti.
c) V ločeni skledi stepite beljake in vinski kamen na visoki hitrosti, dokler ne nastane čvrst sneg.
d) Rumenjakovo zmes v tankem, enakomernem curku vlijemo po celotni površini beljakovega snega. Beljake nežno vmešamo v rumenjakovo zmes.
e) Zložimo naribano čokolado. Testo vlijemo v nenamaščen 10-palčni pekač, ki ga enakomerno porazdelimo z lopatico.
f) Pečemo pri 325°F 55 minut. Povečajte temperaturo na 350 °F in pecite dodatnih 10 minut ali dokler torta ne poskoči nazaj ob rahlem dotiku.
g) Odstranite iz pečice; obrnite pekač in pustite, da se torta ohladi 40 minut.

h)  Torto zrahljajte s sten pekača z ozko kovinsko lopatko, nato pa jo odstranite iz pekača.

**GLAZURA:**
i)  Zmešajte čokolado in mast na vrhu dvojnega kotla. Zavremo vodo; zmanjšajte ogenj na nizko in med občasnim mešanjem kuhajte, dokler se čokolada ne stopi.
j)  Dodamo sladkor in mešamo do gladkega.
k)  Dodajte mleko in preostale sestavine; mešajte, dokler glazura ne postane konsistence za širjenje.
l)  Glazuro premažite po vrhu in ob straneh torte.
m) Uživajte v dekadentni šifonovi torti s čokoladnimi koščki!

## 48. Šifonska torta z limoninim makom

## SESTAVINE:
- 2¼ skodelice nepresejane moke za torte
- 1¼ skodelice sladkorja
- 3 žlice makovih semen
- 1 žlica pecilnega praška
- 1 žlica drobno naribane limonine lupinice
- ¼ čajne žličke soli
- 8 velikih beljakov, pri sobni temperaturi
- ½ čajne žličke vinskega kamna
- 4 veliki rumenjaki
- ½ skodelice Canola ali drugega rastlinskega olja
- ½ skodelice vode
- ¼ skodelice limoninega soka
- 1 čajna žlička ekstrakta limone

## NAVODILA:
a) V srednji skledi zmešajte moko, 1 skodelico sladkorja, mak, pecilni prašek, limonino lupinico in sol. Dati na stran.
b) Pečico segrejte na 325°F. V veliki skledi z električnim mešalnikom na visoki hitrosti stepamo beljake in vinski kamen do mehkih vrhov. Postopoma stepajte preostalo ¼ skodelice sladkorja, dokler ne nastanejo trdi vrhovi. Stepene beljake odstavimo.
c) Na sredini mešanice moke naredite jamico. Dodamo rumenjake, olje, vodo, limonin sok in limonin ekstrakt; stepajte z mešalnikom na srednji hitrosti, dokler testo ni gladko. Zelo nežno vmešajte limonino maso v stepene beljake, dokler ni enotna.
d) Testo razporedite v nenamaščen 10-palčni pekač z odstranljivim dnom.
e) Pecite 65 do 70 minut oziroma dokler testo za torto, vstavljeno blizu sredine torte, ne pride ven čisto.
f) Ponev obrnemo nad lij ali steklenico in popolnoma ohladimo. Če želite torto odstraniti iz pekača, uporabite majhno kovinsko lopatico, da previdno zrahljate torto okoli pekača. Odstranite stran ponve. Zrahljajte sredino in dno ter odstranite dno pekača iz torte.
g) Položite torto z desno stranjo navzgor na servirni krožnik ; narežemo in postrežemo.
h) Uživajte v čudoviti šifonovi torti z limoninim makom!

## 49. Šifonska torta Earl Grey

## SESTAVINE:

- 6 velikih jajc, ločenih
- 1/2 skodelice granuliranega sladkorja
- 1/4 skodelice rastlinskega olja
- 1/4 skodelice mleka
- 1 čajna žlička vanilijevega ekstrakta
- 1/4 skodelice močno kuhanega čaja Earl Grey, ohlajenega
- 1 1/4 skodelice moke za torte
- 1 žlica čajnih listov Earl Grey (neobvezno)
- 1 čajna žlička pecilnega praška
- 1/4 čajne žličke soli

## NAVODILA:

a) Pečico segrejte na 325 °F (160 °C). Šifon pekač namastimo in pomokamo.
b) V veliki skledi za mešanje stepemo rumenjake s sladkorjem, da postanejo bledi in kremasti. Dodajte rastlinsko olje, mleko, ekstrakt vanilije in kuhan čaj Earl Grey. Dobro premešaj.
c) Presejte moko za torte, čajne lističe po želji, pecilni prašek in sol. Rumenjakovi zmesi postopoma dodajajte suhe sestavine in mešajte do gladkega.
d) V ločeni čisti posodi penasto stepemo beljake. Postopoma dodajte sladkor in nadaljujte s stepanjem, dokler ne nastanejo čvrsti vrhovi.
e) Stepene beljake nežno vmešajte v testo, dokler ni popolnoma vmešano.
f) Testo vlijemo v pripravljen pekač za torto iz šifona in zgladimo vrh.
g) Pecite v predhodno ogreti pečici 40-45 minut oziroma dokler zobotrebec, ki ga zapičite v sredino, ne izstopi čist.
h) Ko je pečen, ga vzamemo iz pečice in pekač takoj obrnemo na rešetko, da se popolnoma ohladi.
i) Ohlajeno torto previdno vzamemo iz pekača in postrežemo rezine, posute s sladkorjem v prahu ali s kepico stepene smetane.

# 50.Šifonska torta s sivko

## SESTAVINE:
### GOBICA IZ ŠIFONA SIVKE
- 7 jajc (sobna temp.)
- 300g sladkorja
- 100 ml sončničnega olja
- 300 g večnamenske moke
- 4 žličke pecilnega praška
- 160 ml polnomastnega mleka
- 1 žlička izvlečka sivke

### ŠVICARSKA MASLENA KREMA MERINGUE
- 270 g sladkorja
- 65 ml vode
- 5 beljakov
- 340 g masla (sobna temp.)
- Nekaj kapljic izvlečka sivke
- Barva za živila (vijolična + roza)

## NAVODILA:
### NAREDITE TORTO IZ SIVKE ŠIFON
a) Pečico segrejte na 175°C (375°F).
b) Modele za torte namastimo in pomokamo ter podlago obložimo s papirjem za peko.
c) 6 rumenjakov, sladkor in ekstrakt sivke z električnim mešalnikom penasto stepemo.
d) Med mešanjem počasi dodajajte sončnično olje.
e) V ločeni skledi z električnim mešalnikom stepemo 7 beljakov v sneg.
f) Izmenično med mlekom in moko dodajte mešanici in mešajte, dokler se ne poveže.
g) Nato v testo nežno vmešamo beljake.
h) Testo enakomerno porazdelite med tri modele za torte.
i) Kolač pečemo 25 do 30 minut.
j) PSA: Vsaka pečica je unikatna, zato je možno, da vaša pečica zahteva krajši ali daljši čas peke.
k) Z zobotrebcem zabodite eno torto pri 20-minutni oznaki, da ocenite, koliko časa bi torta še potrebovala v pečici.

l) Modelčke vzamemo iz pečice.
m) Vsako torto skupaj z modelom obrnemo na glavo na pekač, obložen s papirjem za peko. To bo pomagalo preprečiti, da bi goba potonila.
n) Pustite, da se ohladi 20 minut, nato odstranite iz modelčkov. Pustite počivati, dokler se ne ohladi na rešetki.

### SIVKA ŠVICARSKA MASLENA KREMA MERINGUE

o) Sladkor in vodo dajte v ponev in zavrite.
p) V skledo stoječega mešalnika z nastavkom za stepanje dodajte sneg 5 beljakov.
q) Ko sladkor doseže 116 °C (240 °F), začnite stepati beljake v trd sneg.
r) Ko se sladkor segreje na 121°C (250°F), odstavite s štedilnika in med nizkim stepanjem počasi vlijte v stepene beljake.
s) Ko dodate ves sirup, nastavite hitrost na najvišjo in mešajte, dokler se mešanica ne ohladi do mlačne in meringa postane trda in puhasta.
t) Maslo narežemo na majhne koščke in ga med stepanjem postopoma dodajamo. Tekstura bo videti sijoča in gladka.
u) Dodajte izvleček sivke.
v) Če je meringa videti tekoča ali razcepljena, pustite nekaj minut v zamrzovalniku in ponovno premešajte.

### SESTAVLJANJE TORTE

w) Z ravnilom torte odstranite vrh vsake torte. Odstranite spodnji del torte, ki bo srednja plast. Vse 3 plasti je treba obrezati na enako višino.
x) Na vrtljivi krožnik za torte položite desko za torto in dodajte malo meringe.
y) Spodnjo plast torte položite na tortno desko. Stran z drobtinami mora biti obrnjena navzdol.
z) Gobo po želji premažite s sladkornim sirupom.
aa) Z lopatko namažite plast maslene kreme.
bb) Dodajte drugo plast in ponovite zgornji korak.
cc) Na vrh položite tretjo in zadnjo plast.
dd) Na torto, vrh in stranice, nanesite tanko plast maslene kreme, da jo prekrijete z drobtinami.

ee) Postavite v hladilnik za 25 minut.
ff) Odstavite 1/3 preostale švicarske meringu maslene kreme in dodajte jedilno barvo, da dosežete lila barvo.
gg) Belo in lila masleno kremo položite vsako v cevno vrečko.
hh) Lila meringo nanesite na stran torte od dna do približno polovice višine torte, nato dodajte belo meringue na stran in vrh torte.
ii) S pomočjo strgala poravnajte masleno kremo do lepega enakomernega sloja in dodajte še malo, da zakrpate morebitne luknje. Morali bi doseči lep preliv iz vijolične v belo.
jj) Ohladite 20 minut v hladilniku.

Vsako barvo maslene kreme hranite v svoji velikosti in jo potisnite v večjo vrečko za cev, opremljeno z zvezdastim nastavkom.

Po celotni torti napeljite rože. Vrh sem prekrila s cvetjem, nato pa ob straneh občasno posadila rože.

Ohladite se za nekaj minut in uživajte!

## 51.Kokosova torta iz šifona

**SESTAVINE:**
- 6 velikih jajc, ločenih
- 1 skodelica granuliranega sladkorja
- 1/4 skodelice rastlinskega olja
- 1/2 skodelice kokosovega mleka
- 1 čajna žlička vanilijevega ekstrakta
- 1 1/4 skodelice moke za torte
- 1 čajna žlička pecilnega praška
- 1/4 čajne žličke soli
- 1 skodelica naribanega kokosa (sladkanega ali nesladkanega)

**NAVODILA:**
a) Pečico segrejte na 325 °F (160 °C). Šifon pekač namastimo in pomokamo.
b) V veliki skledi za mešanje stepemo rumenjake s sladkorjem, da postanejo bledi in kremasti. Dodajte rastlinsko olje, kokosovo mleko in vanilijev ekstrakt. Dobro premešaj.
c) Skupaj presejte moko za torte, pecilni prašek in sol. Rumenjakovi zmesi postopoma dodajajte suhe sestavine in mešajte do gladkega.
d) Vmešajte nariban kokos, dokler ni enakomerno porazdeljen.
e) V ločeni čisti posodi penasto stepemo beljake. Postopoma dodajte sladkor in nadaljujte s stepanjem, dokler ne nastanejo čvrsti vrhovi.
f) Stepene beljake nežno vmešajte v testo, dokler ni popolnoma vmešano.
g) Testo vlijemo v pripravljen pekač za torto iz šifona in zgladimo vrh.
h) Pecite v predhodno ogreti pečici 40-45 minut oziroma dokler zobotrebec, ki ga zapičite v sredino, ne izstopi čist.
i) Ko je pečen, ga vzamemo iz pečice in pekač takoj obrnemo na rešetko, da se popolnoma ohladi.
j) Ohlajeno torto previdno vzamemo iz pekača in rezine postrežemo okrašene s popečenimi kokosovimi kosmiči ali s kokosovo glazuro.

## 52.Šifonova torta s pistacijami

**SESTAVINE:**
- 6 velikih jajc, ločenih
- 1 skodelica granuliranega sladkorja, razdeljena
- 1/4 skodelice rastlinskega olja
- 1/4 skodelice mleka
- 1 čajna žlička vanilijevega ekstrakta
- 1 skodelica fino mletih pistacij
- 1 skodelica moke za torte
- 1 čajna žlička pecilnega praška
- 1/4 čajne žličke soli
- Zelena jedilna barva (neobvezno)

**NAVODILA:**
a) Pečico segrejte na 325 °F (160 °C). Šifon pekač namastimo in pomokamo.
b) V veliki skledi za mešanje stepite rumenjake s 1/2 skodelice sladkorja, da postanejo bledi in kremasti. Dodajte rastlinsko olje, mleko in vanilijev ekstrakt. Dobro premešaj.
c) Vmešamo drobno mlete pistacije.
d) Skupaj presejte moko za torte, pecilni prašek in sol. Rumenjakovi zmesi postopoma dodajajte suhe sestavine in mešajte do gladkega. Po želji dodajte zeleno jedilno barvo za živahno barvo.
e) V ločeni čisti posodi penasto stepemo beljake. Postopoma dodajte preostalo 1/2 skodelice sladkorja in nadaljujte s stepanjem, dokler ne nastanejo čvrsti vrhovi.
f) Stepene beljake nežno vmešajte v testo, dokler ni popolnoma vmešano.
g) Testo vlijemo v pripravljen pekač za torto iz šifona in zgladimo vrh.
h) Pecite v predhodno ogreti pečici 40-45 minut oziroma dokler zobotrebec, ki ga zapičite v sredino, ne izstopi čist.
i) Ko je pečen, ga vzamemo iz pečice in pekač takoj obrnemo na rešetko, da se popolnoma ohladi.
j) Ohlajeno pecivo previdno vzamemo iz pekača in postrežemo rezine, potresene s sladkorjem v prahu ali okrašene s sesekljanimi pistacijami.

# ZAMRZNJENE POSLASTICE IZ ŠIFONA

## 53.Češnjev šifon puh

**SESTAVINE:**
- 21 unč nadeva za češnjevo pito; redna ali lahka
- 14 unč sladkanega kondenziranega mleka; ali 8 unč navadnega jogurta
- 8 unč Cool Whip; navaden ali lahek
- 14 unč koščkov ananasa; izsušeno
- 1 skodelica miniaturnih marshmallows

**NAVODILA:**
a) V veliki skledi zmešajte nadev za češnjevo pito, sladkano kondenzirano mleko (ali navadni jogurt) , Cool Whip, odcejene koščke ananasa in miniaturne marshmallowe.
b) Nežno zmešajte sestavine, dokler se dobro ne premešajo.
c) Mešanico z žlico stresemo v servirno skledo.
d) Pred serviranjem sladico ohladite.

## 54.Torta iz šifonske ledene škatle

**SESTAVINE:**
- 2 paketa (4 porcije) ALI 1 paket (8 porcij) želatine (z okusom črne maline, pomaranče ali črne češnje)
- 2 skodelici vrele vode
- 1 liter vanilijevega sladoleda
- 12 Ladyfingers, split
- Stepen preliv, sveže sadje in listi mete (po želji za okras)

**NAVODILA:**
a) Želatino popolnoma raztopimo v vreli vodi.
b) Želatini po žlicah dodajamo vaniljev sladoled in mešamo, dokler se popolnoma ne stopi.
c) Mešanico ohladite, dokler se ne zgosti, vendar je še vedno žlico (ni povsem strjena).
d) Medtem obrežite približno 1 palec od ženskih prstkov in položite odrezane konce navzdol okoli stranice 8-palčnega vzmetnega pekača. Prepričajte se, da so zaobljene stranice ženskih prstkov obrnjene proti zunanji strani ponve.
e) V ponev z žlico stresamo zgoščeno zmes želatine.
f) Sladico ohladite, dokler ni čvrsta, približno 3 ure.
g) Odstranite stran pekača.
h) Po želji okrasite s stepenim prelivom, svežim sadjem in listi mete.

## 55.Limetin šifonski sladoled

**SESTAVINE:**
- ½ skodelice sveže stisnjenega in precejenega limetinega soka (iz približno 4 limet)
- 1 skodelica sladkorja
- 16 unč kisle smetane
- 1-2 kapljici poljubne jedilne barve

**NEOBVEZNI OKRAS:**
- Limetina lupina

**NAVODILA:**
a) Začnite z mešanjem limetinega soka in sladkorja, dokler se sladkor popolnoma ne raztopi.
b) V mešanico limete in sladkorja dodajte kislo smetano in neobvezno barvilo za živila. Stepajte ali temeljito premešajte, dokler ne dobite gladke in dobro povezane zmesi . Za dodatno udobje lahko to storite tudi s kuhinjskim robotom.
c) Upoštevajte navodila vašega proizvajalca sladoleda za pripravo mešanice. Ko je obdelan, mehak sladoled prenesite v pekač, ga pokrijte in pustite, da zamrzne, dokler ne doseže čvrste konsistence.
d) Za serviranje okrasite limetin šifon sladoled z neobvezno limetino lupinico za dodaten izbruh okusa.

## 56. Lime Šifon Semifreddo

**SESTAVINE:**
- 4 veliki beljaki
- 1 skodelica sladkorja v prahu, presejana
- 1 ½ skodelice smetane za stepanje
- ½ skodelice kisle smetane
- 2 žlici svežega limetinega soka
- 2 žlički drobno naribane limetine lupinice

**NAVODILA:**
a) Osem 5-unč ramekins popolnoma obložite s plastično folijo, pri čemer zagotovite, da ovoj visi čez stranice. Ramekine položite na pladenj in zamrznite.
b) Beljake penasto stepemo. Dodajte ¼ skodelice sladkorja v prahu in nadaljujte s stepanjem, dokler beljaki ne dosežejo čvrstih vrhov.
c) V drugi skledi stepemo smetano do mehkega vrha. Zmanjšajte hitrost in dodajte preostale ¾ skodelice sladkorja v prahu, kislo smetano, limetin sok in limetino lupinico.
d) V stepene beljake dodamo veliko žlico smetanove mešanice in nežno vmešamo. Beljake v dveh odmerkih vmešamo v smetano.
e) Zmes vlijemo v pripravljene ramekins, pokrijemo in zamrznemo za vsaj štiri ure.
f) Za serviranje semifreddoje obrnite na krožnik in odstranite plastično folijo.

## 57. Limonin šifon sorbet

**SESTAVINE:**
- 1 skodelica svežega limoninega soka
- 1 žlica limonine lupinice
- 1 skodelica granuliranega sladkorja
- 1/2 skodelice vode
- 1 skodelica težke smetane
- 3 večji beljaki
- Ščepec soli

**NAVODILA:**
a) V ponvi zmešajte sladkor, vodo, limonin sok in limonino lupinico. Segrevajte na zmernem ognju in mešajte, dokler se sladkor popolnoma ne raztopi . Odstranite z ognja in pustite, da se ohladi.
b) V skledi za mešanje stepamo težko smetano, dokler ne nastanejo čvrsti vrhovi. Dati na stran.
c) V drugi čisti posodi za mešanje stepemo beljake s ščepcem soli, dokler ne nastane čvrst sneg.
d) Stepeno smetano nežno vmešajte v limonino zmes, dokler se dobro ne premeša.
e) Nato vmešamo še stepene beljake, da ne ostanejo nobene proge.
f) Mešanico prelijte v posodo, primerno za zamrzovanje, pokrijte in zamrzujte vsaj 6 ur ali dokler se ne strdi.
g) Postrezite sorbet iz limoninega šifona, zajet v sklede ali kornete, po želji okrasite z rezinami sveže limone ali listi mete.

# 58. Malinov šifon zamrznjen jogurt

**SESTAVINE:**
- 2 skodelici svežih ali zamrznjenih malin
- 1/2 skodelice granuliranega sladkorja
- 2 skodelici grškega jogurta
- 1 skodelica težke smetane
- 3 večji beljaki
- Ščepec soli

**NAVODILA:**
a) V blenderju ali kuhinjskem robotu pretlačite maline do gladkega. Pire precedite skozi fino sito, da odstranite semena.
b) V posodi za mešanje mešajte malinov pire in sladkor, dokler se sladkor ne raztopi .
c) V drugi skledi za mešanje stepite smetano, dokler ne nastanejo čvrsti vrhovi. Dati na stran.
d) V čisti skledi za mešanje stepemo beljake s ščepcem soli v trd sneg.
e) Grški jogurt nežno vmešajte v mešanico malin, da se dobro premeša.
f) Nato vmešajte stepeno smetano, dokler ne ostanejo nobene proge.
g) Na koncu vmešamo še stepene beljake, da se enakomerno porazdelijo.
h) Mešanico prelijte v posodo, primerno za zamrzovanje, pokrijte in zamrzujte vsaj 6 ur ali dokler se ne strdi.
i) Zamrznjen jogurt iz malinovega šifona postrezite v skledicah ali kornetih, po želji okrasite s svežimi malinami ali pokapljajte z malinovo omako.

## 59. Mango Šifon Popsicles

**SESTAVINE:**
- 2 skodelici zrelih koščkov manga
- 1/2 skodelice granuliranega sladkorja
- 1 skodelica težke smetane
- 1/2 skodelice grškega jogurta
- 2 žlici svežega limetinega soka
- Ščepec soli

**NAVODILA:**
a) V mešalniku ali kuhinjskem robotu pretlačite koščke manga v pire do gladkega.
b) V posodi za mešanje zmešajte mangov pire, sladkor, smetano, grški jogurt, limetin sok in ščepec soli. Mešajte, dokler se dobro ne poveže.
c) Zmes vlijemo v modelčke za sladoled , pri čemer pustimo na vrhu malo prostora za razširitev.
d) Vstavite palčke za sladoledne sladolede v modelčke in zamrzujte za vsaj 4 ure ali dokler niso popolnoma čvrsti.
e) Če želite sladoledne sladolede odstraniti iz kalupa, na kratko prelijte toplo vodo po zunanji strani kalupov, da se zrahljajo.
f) Takoj postrezite mangove šifonske sladoledne sladolede in uživajte v osvežujočem tropskem okusu!

# 60. Jagodna šifonova ledena pita

**SESTAVINE:**
- 1 vnaprej pripravljena skorja graham krekerja (ali doma narejena, če želite)
- 2 skodelici svežih jagod, oluščenih in narezanih
- 1/4 skodelice granuliranega sladkorja
- 1 žlica limoninega soka
- 1 skodelica težke smetane
- 1/2 skodelice sladkorja v prahu
- 1 čajna žlička vanilijevega ekstrakta

**NAVODILA:**
a) V posodi za mešanje zmešajte narezane jagode, granulirani sladkor in limonin sok. Pustite jih stati približno 10 minut, da spustijo sok.
b) V ločeni skledi za mešanje stepite smetano s sladkorjem v prahu in vanilijevim ekstraktom, dokler ne nastane čvrst vrh.
c) Mešanico jagod nežno vmešajte v stepeno smetano, da se enakomerno porazdeli.
d) Zmes vlijemo v pripravljeno skorjo graham krekerja in jo enakomerno razporedimo.
e) Pito pokrijte s plastično folijo in zamrznite za vsaj 4 ure ali dokler ni čvrsta.
f) Pred serviranjem pito nekaj minut pustimo na sobni temperaturi, da se nekoliko zmehča.
g) šifonsko ledeno pito narežite in postrezite ohlajeno, po želji jo okrasite z dodatnimi narezanimi jagodami.

# 61. Zamrznjena krema iz borovničevega šifona

**SESTAVINE:**
- 2 skodelici svežih ali zamrznjenih borovnic
- 1/2 skodelice granuliranega sladkorja
- 1 skodelica težke smetane
- 1 skodelica polnomastnega mleka
- 4 veliki rumenjaki
- 1 čajna žlička vanilijevega ekstrakta
- Ščepec soli

**NAVODILA:**
a) V ponvi zmešajte borovnice in sladkor. Kuhajte na zmernem ognju, dokler borovnice ne razpadejo in spustijo soka, približno 5-7 minut. Odstranite z ognja in pustite, da se nekoliko ohladi.
b) V ločeni kozici segrejte smetano in mleko do pare, vendar ne do vrenja.
c) V skledi za mešanje stepemo rumenjake do gladkega. Vročo smetanovo mešanico počasi vlivamo v rumenjake, ob stalnem mešanju jajca strdimo.
d) Mešanico vrnite v ponev in kuhajte na majhnem ognju ob stalnem mešanju, dokler se krema ne zgosti toliko, da lahko premažete hrbtno stran žlice.
e) Odstranite z ognja in precedite kremo skozi sito z drobno mrežico v čisto skledo. Vmešajte vanilijev ekstrakt in ščepec soli.
f) Pustite, da se krema nekoliko ohladi, nato pa vanjo vmešajte mešanico kuhanih borovnic, da se enakomerno porazdeli.
g) Zmes vlijemo v aparat za sladoled in stepamo po navodilih proizvajalca, da postane kremasta.
h) Zamrznjeno kremo prenesite v posodo, primerno za zamrzovanje, pokrijte in zamrznite za vsaj 4 ure ali dokler se ne strdi.
i) Postrezite zamrznjeno kremo iz borovničevega šifona, nabrano v sklede ali kornete, in uživajte v kremasti, sadni poslastici!

# 62. Sladoledni sendviči s kokosovim šifonom

**SESTAVINE:**
- 1 serija kokosove šifonske torte (uporabite kateri koli recept za šifonovo torto, zamenjajte običajno mleko s kokosovim mlekom in dodajte nastrgan kokos)
- 2 skodelici zmehčanega vanilijevega sladoleda
- Nastrgan kokos, popečen (neobvezno, za okras)

**NAVODILA:**
a) Pripravite kokosovo šifon torto po izbranem receptu. Naj se popolnoma ohladi.
b) Ko se torta ohladi, z okroglim modelčkom za piškote izrežite tortne kroge.
c) Na spodnjo stran enega tortnega kroga položimo kepico zmehčanega vanilijevega sladoleda. Prekrijte z drugim krogom torte, da oblikujete sendvič.
d) Robove sladolednega sendviča po želji povaljajte v popečenem nastrganem kokosu.
e) Ponovite s preostalimi tortnimi krogi in sladoledom.
f) Sestavljene sladoledne sendviče položite na pekač, obložen s pergamentnim papirjem, in zamrznite za vsaj 2 uri ali dokler se ne strdijo.
g) Sladoledne sendviče iz kokosovega šifona postrezite ohlajene in uživajte v čudoviti kombinaciji puhaste torte in kremastega sladoleda!

## 63. Peach Šifon Popsicles

**SESTAVINE:**
- 2 skodelici zrelih breskev, olupljenih in narezanih na kocke
- 1/4 skodelice granuliranega sladkorja
- 1 skodelica grškega jogurta
- 1/2 skodelice težke smetane
- 1 žlica limoninega soka

**NAVODILA:**
a) V mešalniku ali kuhinjskem robotu pretlačite na kocke narezane breskve do gladkega.
b) V skledi za mešanje zmešajte breskov pire, sladkor, grški jogurt, smetano in limonin sok. Mešajte, dokler se dobro ne poveže.
c) Zmes vlijemo v modelčke za sladoled , pri čemer pustimo na vrhu malo prostora za razširitev.
d) Vstavite palčke za sladoledne sladolede v modelčke in zamrzujte za vsaj 4 ure ali dokler niso popolnoma čvrsti.
e) Če želite sladoledne sladolede odstraniti iz kalupa, na kratko prelijte toplo vodo po zunanji strani kalupov, da se zrahljajo.
f) Breskove šifonske sladoledne sladolede takoj postrezite in uživajte v osvežilnem sadnem okusu!

# TARTE

## 64. Limetin šifonski kolač

## SESTAVINE:
- 1 skodelica večnamenske moke
- 1 žlica naribane limetine lupinice
- ¼ čajne žličke soli
- 5 žlic nesoljenega masla
- 1½ žlice želatine brez okusa
- 2 žlici hladne vode
- ½ skodelice plus 1 žlica sladkorja
- ¼ skodelice sveže limetinega soka
- 2 veliki jajci, ločeni, sobna temp.
- 2 žlici naribane limetine lupinice
- 3 žlice sladkorja
- 1 žlica ledene vode
- 1 jajčni rumenjak
- 1-litrska košarica svežih borovnic
- ½ skodelice ohlajene smetane za stepanje, stepene do vrha
- Dodatne sveže borovnice
- Julienne iz limetine lupine

## NAVODILA:
### SKORJA:
a) V veliki skledi zmešajte moko, limetino lupino in sol. Dodajte maslo in narežite, dokler zmes ne spominja na grobo moko.
b) V majhni skodelici mešajte sladkor, vodo in rumenjak, dokler se sladkor ne raztopi. Dodajte v mešanico moke in premešajte, dokler se testo ne začne združevati.
c) Testo zvrnemo na rahlo pomokano površino. Zberite se v kroglo; sploščite v disk. Zavijte v plastiko in hladite vsaj 1 uro. (Lahko se pripravi 1 dan vnaprej.)
d) Pečico segrejte na 400°F. Testo razvaljajte na rahlo pomokani površini na debelino ⅛ palca. Testo prenesite v pekač za torte s premerom 9 palcev in s snemljivim dnom. Obrežite robove in pustite ¼-palčni previs. Previs pritisnite ¼ palca nad rob pekača.
e) Torto obložite s folijo. Nadevajte s suhim fižolom ali obtežili za pite. Pečemo 10 minut. Odstranite posušen fižol in folijo ter pecite, dokler skorja ni zlato rjave barve, približno 20 minut. Kul.

**POLNJENJE:**
f) V majhni skledi potresemo želatino s hladno vodo. Pustimo stati 15 minut, da se zmehča.
g) Postavite posodo v ponev z vrelo vodo in mešajte, dokler se želatina ne raztopi. Odstranite iz vode.
h) Mešajte ½ skodelice sladkorja, limetin sok, rumenjake in 2 žlici limetine lupine na vrhu dvojnega kotla nad vrelo vodo, dokler ni vroče na dotik, približno 3 minute; ne zavrite.
i) Dodajte mešanico želatine in premešajte, da se premeša. Prestavimo v skledo.
j) Skledo postavite nad večjo skledo, napolnjeno z ledom in vodo, in mešajte, dokler se zmes ne zgosti in začne nabirati na žlici, približno 5 minut.
k) Odstranite iz vode. Z električnim mešalnikom stepajte beljake v srednji skledi, dokler ne začnejo dosegati vrha. Postopoma dodajte preostalo 1 žlico sladkorja in stepite do mehkega vrha. Beljake vmešamo v mešanico limete.
l) Potresite 1 pint jagodičevja po dnu torte. Nadev takoj z žlico prelijemo po jagodah, tako da jih popolnoma prekrijemo. Hladite, dokler se ne strdi, vsaj 3 in do 8 ur.
m) Stepeno smetano z žlico naložite v slaščičarsko vrečko s srednjo zvezdasto konico. Kremo za pipo okrasite po robu torte.
n) Torto okrasite z dodatnimi jagodami in julienom iz limetine lupine.

## 65. Bananin šifonski tart

**SESTAVINE:**

**ZA BAZO:**
- 3 unče masla
- 6 unč ingverjevih piškotov, zdrobljenih

**ZA NADEV IN PRELIV:**
- Naribana lupinica in sok 1 limone
- 2 žlički želatine
- 3 banane, pretlačene
- 12 unč smetane za stepanje
- 2 unči ricinusovega sladkorja

**NAVODILA:**

a) Pečico segrejte na 190 C/375 F/plin 5 . V kozici na majhnem ognju stopite maslo. Odstavite z ognja in vmešajte piškotne drobtine, dokler se dobro ne povežejo.

b) Zmes za biskvit vtisnite v dno in stranice 23 cm (9-palčnega) pekača za pite. Pečemo 8 minut, nato pustimo, da se popolnoma ohladi.

c) V majhni kozici zmešajte limonin sok z 1 žlico hladne vode. Po mešanici potresemo želatino in pustimo, da se vpije. Nežno segrevajte, dokler ne postane bistra, nato odstranite z ognja.

d) Zmešajte pretlačene banane in limonino lupinico. Dodajte mešanico želatine in temeljito premešajte.

e) Stepajte 7 unč smetane, dokler ne nastanejo mehki vrhovi. Postopoma dodajajte ricinusov sladkor, dokler ni popolnoma vmešan.

f) Kremno zmes vmešamo v bananino zmes in prelijemo čez biskvitno skorjo. Hladite 30 minut ali dokler se ne strdi.

g) Za dekoracijo stepemo preostalo smetano do mehkih vrhov in jo premažemo po tartu.

# 66. Pumpkin Chiffon Tart

**SESTAVINE:**
**ZA TART SHELL:**
- 1 vnaprej pečena 9-palčna tortna lupina (oglejte si naš recept za sladko testo)

**ZA BUČNI ŠIFON NADEV:**
- 300 gramov bučnega pireja (ne uporabljajte nadeva za bučno pito) (1 ¼ skodelice)
- 150 gramov svetlo rjavega sladkorja (¾ skodelice)
- 4 veliki rumenjaki (beljake prihranite za pozneje)
- 4 tekoče unče polnomastnega mleka (½ skodelice)
- ½ čajne žličke soli
- 1 čajna žlička mletega cimeta
- ¼ čajne žličke mletega ingverja
- ¼ čajne žličke mletega muškatnega oreščka
- 1 žlica želatine v prahu
- 3 žlice hladne vode (za raztapljanje želatine)
- 4 veliki beljaki (po možnosti sobne temperature)
- 100 gramov granuliranega sladkorja (½ skodelice)

**NAVODILA:**
a) Želatino v prahu potresemo s hladno vodo in odstavimo, da se želatina strdi.
b) V toplotno odporni skledi zmešajte bučni pire, rjavi sladkor, mleko, rumenjake, sol, cimet, ingver in muškatni oreščeк. Dobro premešajte, da se združi.
c) Pristavite lonec z vodo, da se kuha na nizki ravni. Posodo postavite na ponev z vodo, ki vre, pri čemer pazite, da se dno posode ne dotika vode in da voda ne vre. Mešanico bučk občasno premešajte in segrevajte, dokler ne doseže 160°F - 180°F.
d) V skledo dodamo strjeno želatino in stepamo dokler se želatina popolnoma ne stopi. Odstranite posodo z ognja in pustite, da se nekoliko ohladi.
e) Beljake dajte v čisto skledo in začnite mešati z ročnim mešalnikom ali stoječim mešalnikom z nastavkom za stepanje. Mešajte na srednji hitrosti, dokler se beljaki ne spenijo. Počasi vlivamo

kristalni sladkor, medtem ko še naprej mešamo, dokler beljaki ne dosežejo srednjih vrhov.
f) Beljake nežno vmešamo v ohlajeno bučno zmes.
g) Bučni šifon vlijemo v predhodno pečeno lupino torte, tako da zgladimo vrh.
h) Torto postavimo v hladilnik, dokler se ne strdi (približno 2 uri).
i) Okrasite po želji (npr. stepena smetana, sladkor v prahu ipd.). Uživajte!

## 67.Šifonska torta s pasijonko

## SESTAVINE:

**TESTO:**
- 1 skodelica/140 g nebeljene moke
- 3 žlice sladkorja
- ¼ čajne žličke fine morske soli
- 6 žlic/85 g hladnega nesoljenega masla, narezanega na ½-in/12-mm kocke
- 1 velik rumenjak

**POLNJENJE:**
- ½ skodelice/120 ml odmrznjenega pireja iz pasijonke (maracuya ali parcha)
- 2 čajni žlički želatine brez okusa
- 2 veliki jajci, ločeni pri sobni temperaturi
- ⅓ skodelice/65 g sladkorja
- ½ skodelice/120 ml težke smetane

**OMAKA:**
- ⅔ skodelice odmrznjenega pireja iz pasijonke ali sveže pireja
- 3 žlice sladkorja ali več po okusu
- 1 čajna žlička koruznega škroba
- 1 žlica likerja iz pasijonke ali jantarnega ruma
- 1 recept za stepeno smetano

## NAVODILA:

a) Pečico segrejte na 375ºF/190ºC in na sredino postavite rešetko.

**SKORJA:**

b) Stročno moko, sladkor in sol zmešajte v kuhinjskem robotu ali zmešajte v skledi. Dodajte hladno maslo in mešajte, dokler ne spominja na grob obrok.

c) Dodamo rumenjak in stepamo ali mešamo, dokler se testo ne zlepi. Testo vtisnite v 23-cm pekač za tart z odstranljivim dnom, da zagotovite enakomerno debelino. Testo prebodemo z vilicami. Zamrznite za 15 minut.

d) Testo obložite z aluminijasto folijo, napolnite z utežmi za pite ali suhim fižolom in pecite, dokler ne strdi in začne rjaveti (približno 15 minut). Odstranite folijo in uteži, nato nadaljujte s peko, dokler rahlo ne porjavi (dodatnih 15 minut). Pustite, da se skorja popolnoma ohladi na rešetki.

**POLNJENJE:**

e) V majhni kozici zmešajte pire iz pasijonke in po vrhu potresite želatino. Pustimo stati, da se želatina zmehča (približno 5 minut). Na majhnem ognju ob stalnem mešanju kuhajte, dokler se ne segreje, vendar ne zavre in se želatina raztopi. Odstranite z ognja.

f) Rumenjake in sladkor stepamo do bledo rumene in goste mase. V mešanico vmešamo vročo želatino. Ohladite v ledeni vodi, dokler se rahlo ne zgosti (približno 5 minut). Odstranite iz ledene vode.

g) Beljake stepamo do mehkih vrhov. Nežno zmešajte z mešanico pasijonke. Smetano stepamo, dokler ne nastane čvrst sneg, nato pa jo vmešamo v mešanico pasijonke. Nadev razporedimo po ohlajeni torti. Hladite, dokler se ne strdi (vsaj 2 uri ali do 24 ur).

**OMAKA:**

h) V ponvi zavremo pasijonkin pire in sladkor. Okusite sladkobo. Koruzni škrob raztopimo v likerju in vmešamo v pire. Dušimo dokler se ne zgosti. Ohladite in hranite v hladilniku, dokler se ne ohladi (vsaj 2 uri ali do 1 dan).

i) Stepeno smetano prenesite v slaščičarsko vrečko z ½-in/12-mm nagubano konico za pecivo. Kremo za pipete okoli robov torte. Pekaču za tart odstranite stranice, narežite in postrezite z omako. Uživajte!

# 68.Šifonske torte iz sladkega krompirja

## SESTAVINE:
### ZA SKORICO:
- 8 unč večnamenske moke
- 2 unči sladkorja v prahu/slaščičarskega sladkorja
- Ščepec soli
- 4 unče ohlajenega masla, narezanega na ½ inčne kocke
- ½ unče skrajšanega
- 1 veliko jajce, rahlo stepeno
- ¼ čajne žličke vanilijevega ekstrakta

### ZA NADEV:
- 1 ovojnica ali 1 žlica želatine
- ½ skodelice rjavega sladkorja
- ½ čajne žličke soli
- ½ čajne žličke cimeta
- ½ čajne žličke muškatnega oreščka
- ½ čajne žličke ingverja
- 1 ¼ skodelice pire sladkega krompirja v mikrovalovni pečici
- 3 rumenjaki
- ½ skodelice mleka

## NAVODILA:
### ZA SKORICO:
a) V kuhinjskem robotu zmešajte večnamensko moko, sladkor v prahu in sol.
b) Dodamo ohlajeno na kocke narezano maslo in mast. Mešajte, dokler ne dobite fine teksture, podobne krušnim drobtinam.
c) Ekstrakt vanilije zmešajte s stepenim jajcem, nato pa ga pri delujočem procesorju dodajte mešanici moke. Ustavite takoj, ko je testo oblikovano ; izogibajte se pretiranemu mešanju.
d) Odstranite testo, ga zavijte s plastično folijo in postavite v hladilnik za vsaj 30 minut. Testo razdelite na majhne kroglice, ki se prilegajo modelom za torte, nato pa testo vtisnite v modelčke, da naredite tartlete.
e) Pecivo prepikajte z vilicami. Tartlete pokrijte z aluminijasto folijo in jih obtežite z utežmi za pite ali fižolom. Pečemo v predhodno ogreti pečici na 375°F 10 minut.

f) Odstranite iz pečice, odstranite uteži in folijo ter vrnite tartlete, da se zapečejo še 5-8 minut.

**ZA NADEV:**

g) Želatino prelijemo z 2 žlicama vode.
h) Segrevajte mleko in sladkor, dokler se sladkor ne raztopi . Odstavite z ognja in dodajte rumenjake ter dobro premešajte.
i) Dodajte želatino in kuhajte, dokler se ne raztopi in testo zgosti. Ugasnite ogenj in dodajte pretlačen sladki krompir.
j) Nadev dajte v cevno vrečko z veliko zvezdasto konico in ga nanesite na pečene tartlete.
k) Potresemo z zdrobljenimi narezanimi mandlji.
l) Uživajte v teh čudovitih šifonovih kolačkih iz sladkega krompirja s popolno mešanico kosmičaste skorje in začinjenega nadeva iz sladkega krompirja!

## 69. Marelična šifonska torta

**SESTAVINE:**
**ZA SKORICO:**
- 5 unč piškotov iz krhkega peciva, zlomljenih (npr. Walkers)
- ⅔ skodelice celih surovih mandljev
- ¼ skodelice sladkorja
- ½ čajne žličke grobe soli
- 4 žlice nesoljenega masla, stopljenega

**ZA NADEV:**
- 1 ¾ funtov svežih marelic (približno 10), brez koščic in na četrtine
- ¾ skodelice vode plus ⅓ skodelice hladne vode
- 1 ½ skodelice sladkorja
- ½ čajne žličke grobe soli
- 2 ovojnici (4 ½ čajne žličke) želatine v prahu brez okusa
- 5 velikih jajc, ločenih
- Surovi mandlji, sesekljani, za okras

**NAVODILA:**
**ZA SKORICO:**
a) Pečico segrejte na 350°F.
b) Piškote zmešajte v kuhinjskem robotu, dokler ne nastanejo drobtine (približno 1 skodelica).
c) Dodajte mandlje, sladkor in sol v procesor; procesirajte, dokler niso mandlji fino zmleti.
d) Dodamo stopljeno maslo in obdelujemo le toliko časa, da zmes drži skupaj.
e) Mešanico enakomerno potisnite na dno in navzgor ob straneh 9-palčnega nagubanega pekača za tart z odstranljivim dnom.
f) Ohladite, dokler se ne strdi, približno 15 minut.
g) Pečemo do zlato rjave barve, 17 do 20 minut.
h) Prenesite na rešetko in pustite, da se ohladi.

**ZA NADEV:**
i) V ponvi zavrite marelice, ¾ skodelice vode, ¾ skodelice sladkorja in sol. Pokrijte, zmanjšajte ogenj in dušite, dokler niso marelice zelo mehke, približno 10 minut. Odstranite z ognja in pustite, da se ohladi 20 minut.

j) V mešalniku pretlačite marelice in tekočino. Precedite skozi fino cedilo v skledo (imeti morate 3 skodelice pireja; rezervirajte ½ skodelice).
k) V majhni skledi potresemo želatino s preostalo ⅓ skodelico hladne vode in pustimo stati, dokler se ne zmehča, približno 5 minut.
l) V srednji ponvi segrejte 2 ½ skodelice marelične kaše na srednje visoki temperaturi. Zmehčano želatino stepemo v pire in mešamo toliko časa, da se želatina raztopi.
m) Pripravite kopel zледено vodo. V srednje veliki skledi stepemo rumenjake in ½ skodelice sladkorja. Vmešajte eno tretjino mešanice marelice in želatine, nato pa vlijte nazaj v ponev.
n) Kuhajte na srednje močnem ognju, nenehno mešajte, dokler se ne zgosti, 2 do 3 minute. Prelijemo skozi cedilo v skledo, postavljeno v kopel z ledeno vodo. Mešajte, dokler ne začne želirati, približno 5 minut.
o) V ločeni skledi stepamo beljake do mehkih vrhov. Postopoma dodajte preostalo ¼ skodelice sladkorja in mešajte, dokler ne nastanejo čvrsti vrhovi, približno 2 minuti.
p) Tretjino beljakov stepemo v marelično-želatinsko zmes. Previdno vmešajte še preostale beljake.
q) Pustite, da se ohladi in mešajte, dokler zmes ni dovolj gosta, da se nasipa, 3 do 5 minut.
r) Z žlico vstavite v skorjo (nabrala se bo visoko).
s) Pito hladite 2 uri ali največ 1 dan.
t) Preden postrežemo, po vrhu pokapljamo ½ skodelice marelične kaše in potresemo s sesekljanimi oreščki.

# 70. Malina šifon tart

**SESTAVINE:**
- 1 vnaprej pripravljena pitna skorja (kupljena ali doma narejena)
- 2 skodelici svežih malin
- 1/4 skodelice granuliranega sladkorja
- 1 žlica limoninega soka
- 1 ovojnica želatine brez okusa
- 1/4 skodelice hladne vode
- 1 skodelica težke smetane
- 1/4 skodelice sladkorja v prahu
- Sveže maline, za okras

**NAVODILA:**
a) Pripravite torto po navodilih na embalaži ali po izbranem receptu. Naj se popolnoma ohladi.
b) V ponvi zmešajte sveže maline, granulirani sladkor in limonin sok. Kuhajte na srednjem ognju, dokler maline ne razpadejo in spustijo soka, približno 5-7 minut. Odstranite z ognja in pustite, da se nekoliko ohladi.
c) V manjši skledi želatino prelijemo s hladno vodo in pustimo stati približno 5 minut, da se zmehča.
d) Ko se malinova zmes nekoliko ohladi, jo precedite skozi fino sito, da odstranite semena, in pritisnite navzdol, da izločite čim več tekočine.
e) Precejeno malinovo tekočino vrnemo v ponev. Segrevajte na majhnem ognju, dokler ni toplo, vendar ne vre. Dodamo zmehčano želatino in mešamo, dokler se popolnoma ne raztopi. Odstranite z ognja in pustite, da se ohladi na sobno temperaturo.
f) V skledi za mešanje stepemo smetano s sladkorjem v prahu, dokler ne nastanejo čvrsti vrhovi.
g) Ohlajeno malinovo mešanico nežno vmešamo v stepeno smetano, da se dobro poveže.
h) V ohlajeno tortno skorjo vlijemo malinov šifonski nadev, ki ga enakomerno porazdelimo.
i) Torto hladite vsaj 4 ure ali dokler ni strjena.
j) Pred serviranjem tart okrasite s svežimi malinami. Ohlajeno narežemo in postrežemo.

## 71. Kokosova šifonova torta

**SESTAVINE:**
- 1 vnaprej pripravljena pitna skorja (kupljena ali doma narejena)
- 1 skodelica sladkanega naribanega kokosa, popečenega
- 1 skodelica kokosovega mleka
- 1/2 skodelice granuliranega sladkorja
- 1 ovojnica želatine brez okusa
- 1/4 skodelice hladne vode
- 1 skodelica težke smetane
- 1/4 skodelice sladkorja v prahu
- Popečeni kokosovi kosmiči, za okras

**NAVODILA:**
a) Pripravite torto po navodilih na embalaži ali po izbranem receptu. Naj se popolnoma ohladi.
b) Po dnu ohlajene skorje za pitno pito enakomerno porazdelite opečen nastrgan kokos.
c) V ponvi segrevajte kokosovo mleko in granulirani sladkor na zmernem ognju, dokler se sladkor ne raztopi in mešanica ni topla, vendar ne vre.
d) V manjši skledi želatino prelijemo s hladno vodo in pustimo stati približno 5 minut, da se zmehča.
e) Ko je mešanica kokosovega mleka topla, dodajte zmehčano želatino in mešajte, dokler se popolnoma ne raztopi. Odstranite z ognja in pustite, da se ohladi na sobno temperaturo.
f) V skledi za mešanje stepemo smetano s sladkorjem v prahu, dokler ne nastanejo čvrsti vrhovi.
g) Ohlajeno mešanico kokosovega mleka nežno vmešajte v stepeno smetano, da se dobro poveže.
h) V ohlajeno tortno skorjo vlijemo kokosov šifonski nadev, ki ga enakomerno razporedimo.
i) Torto hladite vsaj 4 ure ali dokler ni strjena.
j) Pred serviranjem tart okrasite s popečenimi kokosovimi kosmiči. Ohlajeno narežemo in postrežemo.

# 72. Šifonska torta z mešanim jagodičevjem

**SESTAVINE:**
- 1 vnaprej pripravljena pitna skorja (kupljena ali doma narejena)
- 2 skodelici mešanega svežega jagodičevja (kot so jagode, borovnice in robide)
- 1/4 skodelice granuliranega sladkorja
- 1 žlica limoninega soka
- 1 ovojnica želatine brez okusa
- 1/4 skodelice hladne vode
- 1 skodelica težke smetane
- 1/4 skodelice sladkorja v prahu
- Listi sveže mete, za okras

**NAVODILA:**
a) Pripravite torto po navodilih na embalaži ali po izbranem receptu. Naj se popolnoma ohladi.
b) V ponvi zmešajte mešane jagode, granulirani sladkor in limonin sok. Kuhajte na zmernem ognju, dokler se jagode ne zmehčajo in spustijo sok, približno 5-7 minut. Odstranite z ognja in pustite, da se nekoliko ohladi.
c) V manjši skledi želatino prelijemo s hladno vodo in pustimo stati približno 5 minut, da se zmehča.
d) Ko se mešanica jagodičevja nekoliko ohladi, jo precedite skozi sito z drobno mrežico, da odstranite morebitna semena.
e) Precejeno jagodno tekočino vrnite v ponev. Segrevajte na majhnem ognju, dokler ni toplo, vendar ne vre. Dodamo zmehčano želatino in mešamo, dokler se popolnoma ne raztopi. Odstranite z ognja in pustite, da se ohladi na sobno temperaturo.
f) V skledi za mešanje stepemo smetano s sladkorjem v prahu, dokler ne nastanejo čvrsti vrhovi.
g) Ohlajeno mešanico jagodičja nežno vmešajte v stepeno smetano, da se dobro poveže.
h) Zmešan šifonski nadev iz jagodičja vlijemo v ohlajeno tortno skorjo in ga enakomerno porazdelimo.
i) Torto hladite vsaj 4 ure ali dokler ni strjena.
j) Pred serviranjem torto okrasite z listi sveže mete. Ohlajeno narežemo in postrežemo.

# SLADICE V PLASTIH

# 73. Čokoladni šifonski lončki

**SESTAVINE:**
- 1½ skodelice posnetega mleka
- 2 ovojnici želatine brez okusa
- 3 žlice nesladkanega kakava
- 2 žlici granuliranega sladkorja
- Nekaj zrn soli
- 2 čajni žlički ekstrakta vanilije
- 1 skodelica ledenih kock (6 do 8)
- 4 čajne žličke polsladkih čokoladnih ostružkov

**NAVODILA:**
a) Mleko dajte v srednje veliko ponev. Dodajte želatino, kakav, sladkor in sol. Na zmernem ognju mešamo toliko časa, da se želatina popolnoma raztopi.
b) Odstranite ponev z ognja; dodamo vanilijo in z vilicami ali žično metlico hitro premešamo, da se sestavine dobro premešajo.
c) Zmes vlijemo v blender. Dodajte ledene kocke, pokrijte in mešajte pri srednji hitrosti, dokler se ledene kocke ne raztopijo.
d) Odkrijte, enkrat premešajte z gumijasto lopatico in pustite mešanico stati 2-3 minute, da postane žele.
e) Čokoladno šifonsko zmes z žlico razporedite v 4 desertne posodice ali kozarce za parfe.
f) Vsako porcijo prelijte z 1 čajno žličko polsladkih čokoladnih ostružkov.
g) Uživajte v čudovitih in ohlajenih čokoladnih šifonovih lončkih!

## 74. Limonin šifon puding

## SESTAVINE:
- 1 skodelica sladkorja
- 3 žlice masla
- 4 žlice moke
- ¼ čajne žličke soli
- ¼ skodelice limoninega soka
- ½ limone, naribana lupinica
- 1 skodelica mleka
- 3 jajca, ločena

## NAVODILA:
a) Zmešajte sladkor, moko, sol in maslo.
b) Dodamo limonin sok in naribano limonino lupinico, nato pa še stepene rumenjake. Stepajte, dokler se sestavine temeljito ne premešajo.
c) Dodamo mleko in vmešamo v zmes.
d) Vmešamo trdno stepene beljake.
e) Zmes vlijemo v pomaščen pekač in ga postavimo v ponev z vročo vodo.
f) Pečemo pri 350°F 45 minut.
g) Postrežemo toplo.

## 75.Šifon Trifle iz manga in limete

**SESTAVINE:**
- 4 rumenjaki
- 2 žlički želatine v prahu
- 2 žlički drobno naribane limetine lupinice
- ½ skodelice limetinega soka
- ⅔ skodelice sladkorja v prahu
- 3 beljaki
- 2 srednje velika manga, narezana na tanke rezine
- ½ x 460 g okroglega dvojnega biskvita brez nadeva, narezanega na 2 cm velike kose (glej opombo)
- 300 ml stepene goste smetane

**NAVODILA:**
**PRIPRAVITE MEŠANICO ZA ŠIFON LIME**
a) Zmešajte jajčne rumenjake, želatino, limetino lupinico, ⅓ skodelice limetinega soka in polovico sladkorja v srednje toplotno odporni skledi.
b) Skledo postavite nad srednje veliko ponev z vrelo vodo.
c) Mešanico mešajte na ognju 2 do 3 minute ali dokler se ne zgosti.
d) Odstranite posodo z ognja in pustite, da se ohladi.

**PRIPRAVITE MERINGUE**
e) Z električnim mešalnikom v skledi stepemo beljake do mehkega snega.
f) Postopoma dodajte preostali sladkor in po vsakem dodatku stepajte, dokler se sladkor ne raztopi.
g) Meringue zmešajte v mešanico limete v dveh serijah.

**SESTAVITE MALENICO**
h) Zmiksajte ali predelajte ⅓ manga do gladkega. Hladite, dokler ni potrebno.
i) Torto razporedite po dnu steklene servirne sklede s prostornino 2 litrov (8 skodelic).
j) Potresemo s preostalim limetinim sokom .
k) Na vrh položite preostali narezan mango.
l) Mešanico limetinega šifona razporedite po mangu.
m) Hladimo 3 ure ali čez noč, če čas dopušča.
n) Trifle prelijemo s stepeno smetano in pokapamo z mangovim pirejem.
o) Postrezite in uživajte v tem čudovitem šifonu z mangom in limeto.

# 76. Parfeji iz jagodnega šifonskega sira

## SESTAVINE:
### ZA NADEV:
- 1 ¼ čajne žličke želatine brez okusa (polovica zavojčka)
- ⅔ skodelice ananasovega soka
- Pakiranje 8 unč brezmastnega kremnega sira, zmehčanega na sobno temperaturo ALI jogurta, ki ga 24 ur pasirate
- 42 gramov liofiliziranih jagod (približno 1 skodelica), mletih v prah
- 4 žlice granuliranega sladkorja
- 2 veliki jajci, ločeni
- ¼ čajne žličke košer soli

### ZA SKORICO:
- 20 Graham krekerjev (5 listov), predelanih v drobtine
- 1 žlica rjavega sladkorja
- 1 žlica masla, stopljenega
- 2 ščepca košer soli

## NAVODILA:
### ZA GRAHAM KREKER SKORIJO:
a) Zmešajte drobtine graham krekerja, sladkor in stopljeno maslo. Dobro premešajte, da se združi in shranite v nepredušni posodi.

### ZA NADEV:
b) Liofilizirane jagode obdelajte v kuhinjskem robotu ali mešalniku, dokler ne postanejo fin prah. Dati na stran.
c) Zmehčan kremni sir stepemo v skledi, opremljeni z mešalnikom. Dodajte jagode v prahu in stepajte pri visoki hitrosti, dokler ne postane kremasto in gladko.
d) V majhni kozici zmešajte želatino in ananasov sok. Pustite, da cveti približno 5 minut.
e) V ločeni skledi stepamo beljake v trd sneg. Dati na stran.
f) Na majhnem ognju mešajte mešanico želatine, dokler se popolnoma ne raztopi. Odstranite z ognja.
g) V drugi posodi penasto stepamo rumenjake in sladkor, dokler rumenjaki ne postanejo bledo rumeni.
h) Če želite umiriti rumenjak, postopoma dodajte majhne količine tople mešanice želatine med stepanjem, da preprečite mešanje.

i) Temperirano rumenjakovo zmes vmešamo v ponev s preostalo zmesjo želatine. Na srednje nizkem ognju ob stalnem mešanju kuhamo toliko časa, da se zmes rahlo zgosti (približno 3-5 minut).
j) Pri nizki hitrosti postopoma dodajte približno ⅓ mešanice želatine v mešanico kremnega sira. Ponavljajte, dokler ni vgrajena vsa želatina. Odstranite posodo iz mešalnika.
k) Nežno vmešajte trd beljakov sneg, dokler ni popolnoma vmešan.

**ZA SESTAVLJANJE PARFEJA:**
l) V vsako servirno skodelico dajte približno ½ skodelice šifonskega nadeva.
m) Postopek ponovite za preostale parfaite.
n) Hladite, dokler se ne strdi, približno 1 do 1 uro in pol.
o) Preden postrežemo, po vrhu potresemo 1 žlico Graham Cracker Crust in okrasimo s kockicami svežih jagod.
p) Uživajte v teh čudovitih parfejih jagodnega šifonovega sira, popolni poslastici za dobrodošlico pomladi !

## 77. Tiramisu iz šifona

**SESTAVINE:**
**ZA ŠIFON TORTO:**
- 1 skodelica moke za torte
- 1 skodelica granuliranega sladkorja
- 1 čajna žlička pecilnega praška
- ½ čajne žličke soli
- ¼ skodelice rastlinskega olja
- ¼ skodelice vode
- 6 velikih jajc, ločenih
- 1 čajna žlička vanilijevega ekstrakta
- ¼ čajne žličke vinskega kamna

**ZA NADEV TIRAMISU:**
- 1 skodelica močno kuhane kave, ohlajene
- ¼ skodelice kavnega likerja (npr. Kahlúa)
- 3 žlice kakava v prahu, razdeljeno
- 8 unč sira mascarpone, zmehčanega
- 1 skodelica težke smetane
- ½ skodelice sladkorja v prahu
- 1 čajna žlička vanilijevega ekstrakta

**ZA MONTAŽO:**
- Kakav v prahu, za posipanje
- Čokoladni ostružki ali naribana čokolada

**NAVODILA:**
**TORTA IZ ŠIFONA:**
a) Pečico segrejte na 325 °F (163 °C). Namastite in pomokajte 9-palčni okrogel pekač za torte.
b) V veliki skledi zmešajte moko za torte, sladkor, pecilni prašek in sol.
c) V ločeni skledi zmešajte olje, vodo, rumenjake in vanilijev ekstrakt.
d) Postopoma dodajte mokre sestavine k suhim sestavinam in mešajte do gladkega.
e) V drugi čisti, suhi skledi stepite beljake in vinski kamen, dokler ne nastane čvrst sneg.
f) Beljakovo mešanico nežno vmešajte v testo, dokler se dobro ne poveže.
g) Testo vlijemo v pripravljen pekač in po vrhu zgladimo.

h) Pecite 35-40 minut oziroma dokler zobotrebec, ki ga zapičite v sredino, ne izstopi čist.
i) Pustite, da se torta popolnoma ohladi, preden jo odstranite iz pekača.

**TIRAMISU NADEV:**
j) V plitvi posodi zmešajte kuhano kavo in kavni liker. Dati na stran.
k) V majhno skledo presejte 2 žlici kakava v prahu.
l) V skledi za mešanje zmešajte mascarpone sir, sladkor v prahu in vanilijev ekstrakt, dokler ni gladka.
m) V ločeni skledi stepite smetano, dokler ne nastanejo čvrsti vrhovi.
n) Stepeno smetano nežno vmešajte v mešanico mascarponeja, da se dobro poveže.

**SESTAVLJANJE:**
o) Ohlajeno torto iz šifona vodoravno razrežemo na dve enakomerni plasti.
p) Vsako plast torte potopite v mešanico kave in se prepričajte, da je dobro namočena , a ne razmočena.
q) Eno namočeno plast torte položite na dno servirne posode.
r) Plast mascarpone mešanice razporedite po namočeni tortni plasti.
s) Po mascarponejevi plasti potresemo polovico presejanega kakava v prahu.
t) Postopek ponovite z drugo tortno plastjo, mešanico mascarponeja in preostalim kakavom v prahu.
u) Zaključite tako, da po vrhu potresete kakav v prahu in okrasite s čokoladnimi ostružki ali naribano čokolado.
v) Hladite vsaj 4 ure ali čez noč, da se okusi prepojijo.
w) Ohlajeno narežemo in postrežemo.

# 78. Šifon mousse iz maline in bele čokolade

## SESTAVINE:

### ZA ŠIFON PLAST:
- 1 plast torte iz šifona (uporabite lahko kateri koli recept za torto iz šifona)

### ZA MALINOVO PLAST:
- 2 skodelici svežih malin
- 1/4 skodelice granuliranega sladkorja
- 1 žlica limoninega soka
- 2 žlički želatine v prahu
- 1/4 skodelice hladne vode
- 1 skodelica težke smetane

### ZA MOUSSE PLAST IZ BELE ČOKOLADE:
- 6 unč bele čokolade, sesekljane
- 1 1/2 skodelice težke smetane, razdeljeno
- 1 čajna žlička vanilijevega ekstrakta

## NAVODILA:

a) Pripravite tortno plast iz šifona po izbranem receptu in pustite, da se popolnoma ohladi.

b) Za plast malinovega moussea zmiksajte maline v blenderju ali kuhinjskem robotu. Pire precedite skozi fino sito, da odstranite semena.

c) V ponvi zmešajte malinov pire, sladkor in limonin sok. Na zmernem ognju kuhamo toliko časa, da se sladkor raztopi. Odstranite z ognja.

d) V manjši skledi želatino prelijemo s hladno vodo in pustimo 5 minut, da nabrekne. Mešanico želatine segrevajte v mikrovalovni pečici 10-15 sekund, dokler se ne raztopi.

e) Raztopljeno želatino vmešajte v toplo mešanico malin, da se dobro poveže. Pustimo, da se ohladi na sobno temperaturo.

f) V skledi za mešanje stepamo težko smetano, dokler ne nastanejo čvrsti vrhovi. Stepeno smetano nežno vmešajte v malinovo mešanico, dokler ni gladka in dobro združena.

g) Malinov mousse enakomerno razporedite po šifonastem sloju torte v servirnem krožniku ali posameznih kozarcih. Ohladite, medtem ko pripravljate plast bele čokolade.

h) Za plast bele čokolade stopite belo čokolado z 1/2 skodelice težke smetane v toplotno odporni skledi, ki jo postavite nad lonec z vrelo vodo (dvojni kotel). Mešajte dokler ni gladka in kremasta. Odstranite z ognja in pustite, da se ohladi na sobno temperaturo.
i) V drugi skledi za mešanje stepite preostalo 1 skodelico težke smetane in vanilijev ekstrakt, dokler ne nastanejo čvrsti vrhovi.
j) Stepeno smetano nežno vmešajte v ohlajeno mešanico bele čokolade, dokler ni gladka in dobro združena.
k) Mousse iz bele čokolade previdno razporedite po malinovi mousse plasti.
l) Sladico v plasteh hladite vsaj 4 ure ali dokler se ne strdi.
m) Pred serviranjem po želji okrasite s svežimi malinami ali ostružki bele čokolade. Uživajte v okusni kombinaciji okusa maline in bele čokolade!

# 79. Šifon parfe z borovnicami in limono

## SESTAVINE:

### ZA ŠIFON PLAST:
- 1 plast torte iz šifona (uporabite lahko kateri koli recept za torto iz šifona)

### ZA BOROVNIČEVO KOMPOTOVO PLAST:
- 2 skodelici svežih ali zamrznjenih borovnic
- 1/4 skodelice granuliranega sladkorja
- 1 žlica limoninega soka
- 1 čajna žlička koruznega škroba
- 2 žlici hladne vode

### ZA LIMONIN MOUSSE PLAST:
- 1 skodelica težke smetane
- 1/4 skodelice sladkorja v prahu
- Lupina 1 limone
- 2 žlici limoninega soka
- 1 čajna žlička želatine v prahu
- 2 žlici hladne vode

## NAVODILA:

a) Pripravite tortno plast iz šifona po izbranem receptu in pustite, da se popolnoma ohladi.

b) Za plast borovničevega kompota v ponvi zmešajte borovnice, sladkor in limonin sok. Na srednjem ognju kuhamo toliko časa, da borovnice popokajo in spustijo sok.

c) V majhni skledi raztopite koruzni škrob v hladni vodi. Mešanico koruznega škroba vmešamo v borovničevo zmes in ob stalnem mešanju kuhamo, dokler se ne zgosti. Odstranite z ognja in pustite, da se ohladi na sobno temperaturo.

d) Za plast limoninega moussa stepite smetano, sladkor v prahu, limonino lupinico in limonin sok, dokler ne nastanejo mehki vrhovi.

e) V manjši skledi želatino prelijemo s hladno vodo in pustimo 5 minut, da nabrekne. Mešanico želatine segrevajte v mikrovalovni pečici 10-15 sekund, dokler se ne raztopi.

f) V mešanico stepene smetane postopoma dodajte raztopljeno želatino in stepajte, dokler ne nastanejo čvrsti vrhovi.

g) Če želite sestaviti parfaite, zdrobite plast torte iz šifona in jo razdelite po servirnih kozarcih.
h) Tortno plast nadevamo z žlico borovničevega kompota, nato pa plast limoninega moussa.
i) niso napolnjeni kozarci , na vrhu pa dodajte kanček limoninega moussa.
j) Parfaite postavite v hladilnik za vsaj 2 uri ali dokler se ne strdijo.
k) Preden postrežemo, po želji okrasimo s svežimi borovnicami in rezinami limone. Uživajte v osvežujoči kombinaciji okusa borovnice in limone!

## 80. Kokos in ananas Šifon Trifle

**SESTAVINE:**
**ZA ŠIFON PLAST:**
- 1 plast torte iz šifona (uporabite lahko kateri koli recept za torto iz šifona)

**ZA ANANASOV NADEV:**
- 2 skodelici svežega ananasa, narezanega na kocke
- 1/4 skodelice granuliranega sladkorja
- 1 žlica koruznega škroba
- 2 žlici hladne vode
- 1/2 skodelice naribanega kokosa

**ZA KOKOSOVO KREMNO PLAST:**
- 1 pločevinka (13,5 oz) kokosovega mleka, ohlajeno
- 1/4 skodelice sladkorja v prahu
- 1 čajna žlička vanilijevega ekstrakta
- 1/2 skodelice naribanega kokosa, popečenega (neobvezno, za okras)

**NAVODILA:**
a) Pripravite tortno plast iz šifona po izbranem receptu in pustite, da se popolnoma ohladi.
b) Za plast ananasovega nadeva v ponvi zmešajte na kocke narezan ananas in sladkor. Na zmernem ognju kuhamo toliko časa, da se ananas zmehča in spusti sok.
c) V majhni skledi raztopite koruzni škrob v hladni vodi. Mešanico koruznega škroba vmešajte v ananasovo mešanico in med nenehnim mešanjem kuhajte, dokler se ne zgosti. Odstranite z ognja in pustite, da se ohladi na sobno temperaturo.
d) V ananasovo zmes vmešamo nastrgan kokos.
e) Za plast kokosove kreme odprite ohlajeno pločevinko kokosovega mleka in iz nje izdolbite trdno kokosovo kremo, ki je narasla na vrh, za seboj pa ostane kokosova voda. Kokosovo smetano damo v posodo za mešanje.
f) Kokosovi kremi dodamo sladkor v prahu in vanilijev ekstrakt. Stepajte dokler ni gladka in kremasta.
g) Sladico sestavite tako, da nadrobite tortno plast iz šifona in jo polovico enakomerno razporedite po dnu servirne posode.

h) Ananasov nadev razporedite po tortni plasti.
i) Ananasov nadev premažemo s kokosovo kremo.
j) Ponovite plasti s preostalimi tortnimi drobtinami, ananasovim nadevom in kokosovo kremo.
k) Po želji lahko vrh okrasite s popečenim naribanim kokosom.
l) Sladico pred serviranjem hladite vsaj 2 uri, da se okusi prepojijo.
m) Narežite in postrezite kokosovo in ananasovo šifonsko poslastico ter uživajte v tropskih okusih!

# 81. Malenkost za torto iz črnega gozda iz šifona

**SESTAVINE:**
**ZA ŠIFON PLAST:**
- 1 plast torte iz šifona (uporabite lahko kateri koli recept za torto iz šifona)

**ZA ČEŠNJEV NADEV:**
- 2 skodelici izkoščičenih češenj, svežih ali zamrznjenih
- 1/4 skodelice granuliranega sladkorja
- 1 žlica koruznega škroba
- 2 žlici hladne vode
- 1 žlica limoninega soka
- 1/2 čajne žličke mandljevega ekstrakta (neobvezno)

**ZA STAPENO SMETANOVO PLAST:**
- 2 skodelici težke smetane
- 1/4 skodelice sladkorja v prahu
- 1 čajna žlička vanilijevega ekstrakta

**ZA MONTAŽO:**
- Čokoladni ostružki ali kodri, za okras (neobvezno)

**NAVODILA:**
a) Pripravite tortno plast iz šifona po izbranem receptu in pustite, da se popolnoma ohladi.
b) Za češnjev nadev v ponvi zmešajte izkoščičene češnje, sladkor, limonin sok in mandljev ekstrakt (če ga uporabljate). Na zmernem ognju kuhamo toliko časa, da češnje spustijo sok.
c) V majhni skledi raztopite koruzni škrob v hladni vodi. Mešanico koruznega škroba vmešajte v češnjevo mešanico in med nenehnim mešanjem kuhajte, dokler se ne zgosti. Odstranite z ognja in pustite, da se ohladi na sobno temperaturo.
d) Za plast stepene smetane stepite smetano, sladkor v prahu in vanilijev ekstrakt, dokler ne nastanejo čvrsti vrhovi.
e) Če želite sestaviti malenkost, plast torte iz šifona narežite na majhne kocke.
f) Polovico tortnih kock položite na dno majhnega krožnika ali posameznih servirnih kozarcev.
g) Polovico češnjevega nadeva z žlico naložimo na tortne kocke in ga enakomerno razporedimo.

h) Polovico stepene smetane premažemo po češnjevem nadevu.
i) Ponovite plasti s preostalimi kockami torte, višnjevim nadevom in stepeno smetano.
j) Po želji okrasite vrh s čokoladnimi ostružki ali kodri.
k) Trifle ohladite vsaj 1 uro, preden ga postrežete, da se okusi prepojijo.
l) Postrezite ohlajeno in uživajte v slastnih plasteh te sladice, ki jo je navdihnil Schwarzwald!

## 82. Šifon Parfe s kokosom in mangom

**SESTAVINE:**
**ZA ŠIFON PLAST:**
- 1 plast torte iz šifona (uporabite lahko kateri koli recept za torto iz šifona)

**ZA PLAST MANGOVEGA PIREJA:**
- 2 zrela manga, olupljena in narezana na kocke
- 2 žlici granuliranega sladkorja (prilagodite okusu)
- 1 žlica limoninega soka

**ZA KOKOSOVO KREMNO PLAST:**
- 1 pločevinka (13,5 oz) kokosovega mleka, ohlajeno
- 1/4 skodelice sladkorja v prahu
- 1 čajna žlička vanilijevega ekstrakta

**NAVODILA:**
a) Pripravite tortno plast iz šifona po izbranem receptu in pustite, da se popolnoma ohladi.
b) Za plast mangovega pireja zmešajte na kocke narezan mango, sladkor in limonin sok v mešalniku ali kuhinjskem robotu do gladkega. Sladkor prilagodite okusu.
c) Za plast kokosove kreme odprite ohlajeno pločevinko kokosovega mleka in iz nje izdolbite trdno kokosovo kremo, ki je narasla na vrh, za seboj pa ostane kokosova voda. Kokosovo smetano damo v posodo za mešanje.
d) Kokosovi kremi dodamo sladkor v prahu in vanilijev ekstrakt. Stepajte dokler ni gladka in kremasta.
e) Če želite sestaviti parfe, zdrobite plast torte iz šifona na dno servirnih kozarcev.
f) Čez tortne drobtine z žlico naložimo plast mangovega pireja.
g) Po vrhu nanesite plast kokosove smetane.
h) ne napolnite kozarcev, na vrhu pa nanesite kanček kokosove smetane.
i) Po želji okrasite z dodatnimi kockami manga ali popečenimi kokosovimi kosmiči.
j) Parfaite ohladite vsaj 1 uro, preden jih postrežete, da se okusi prepojijo.
k) Postrezite ohlajeno in uživajte v tropski kombinaciji okusov kokosa in manga!

# 83. Peach Melba Chiffon Cake Trifle

**SESTAVINE:**

**ZA ŠIFON PLAST:**
- 1 plast torte iz šifona (uporabite lahko kateri koli recept za torto iz šifona)

**ZA BRESKVOV KOMPOT PLAST:**
- 2 skodelici narezanih breskev, svežih ali konzerviranih (odcejenih)
- 2 žlici granuliranega sladkorja
- 1 žlica limoninega soka

**ZA MALINOVO PLAST OMAKE:**
- 1 skodelica svežih malin
- 2 žlici granuliranega sladkorja
- 1 žlica limoninega soka

**ZA STAPENO SMETANOVO PLAST:**
- 2 skodelici težke smetane
- 1/4 skodelice sladkorja v prahu
- 1 čajna žlička vanilijevega ekstrakta

**NAVODILA:**

a) Pripravite tortno plast iz šifona po izbranem receptu in pustite, da se popolnoma ohladi.

b) Za plast breskovega kompota v ponvi zmešajte narezane breskve, sladkor in limonin sok. Na srednjem ognju kuhamo toliko časa, da se breskve zmehčajo in spustijo sok.

c) Za plast malinove omake zmešajte sveže maline, sladkor in limonin sok v mešalniku ali kuhinjskem robotu do gladkega. Mešanico precedite skozi sito z drobno mrežico, da odstranite semena.

d) Za plast stepene smetane stepite smetano, sladkor v prahu in vanilijev ekstrakt, dokler ne nastanejo čvrsti vrhovi.

e) Če želite sestaviti malenkost, plast torte iz šifona narežite na majhne kocke.

f) Polovico tortnih kock položite na dno majhnega krožnika ali posameznih servirnih kozarcev.

g) Polovico breskovega kompota z žlico naložimo na tortne kocke, ki jih enakomerno razporedimo.

h) Breskov kompot pokapljamo s polovico malinovega preliva.

i) Čez malinovo omako premažemo polovico stepene smetane.

j)  Ponovite plasti s preostalimi kockami torte, breskovim kompotom, malinovo omako in stepeno smetano.
k)  Trifle ohladite vsaj 1 uro, preden ga postrežete, da se okusi prepojijo.
l)  Postrezite ohlajeno in uživajte v čudoviti kombinaciji breskev in malin v tej sladici, ki jo navdihuje Peach Melba!

## 84. Parfe iz pistacije in češnjevega šifona

**SESTAVINE:**
**ZA ŠIFON PLAST:**
- 1 plast torte iz šifona (uporabite lahko kateri koli recept za torto iz šifona)

**ZA PLEST ČEŠNJEVEGA KOMPOTA:**
- 2 skodelici izkoščičenih češenj, svežih ali zamrznjenih
- 2 žlici granuliranega sladkorja
- 1 žlica limoninega soka

**ZA PISTACIJEVO KREMNO PLAST:**
- 1 skodelica težke smetane
- 1/4 skodelice sladkorja v prahu
- 1 čajna žlička mandljevega ekstrakta
- 1/2 skodelice oluščenih pistacij, drobno sesekljanih

**NAVODILA:**
a) Pripravite tortno plast iz šifona po izbranem receptu in pustite, da se popolnoma ohladi.
b) Za plast češnjevega kompota v ponvi zmešajte izkoščičene češnje, sladkor in limonin sok. Na zmernem ognju kuhamo toliko časa, da češnje spustijo sok in se zmes nekoliko zgosti. Odstranite z ognja in pustite, da se ohladi na sobno temperaturo.
c) Za plast pistacijeve kreme stepite smetano, sladkor v prahu in mandljev ekstrakt, dokler ne nastanejo čvrsti vrhovi.
d) Drobno sesekljane pistacije vmešamo v stepeno smetano, da se enakomerno porazdelijo.
e) Če želite sestaviti parfe, zdrobite plast torte iz šifona na dno servirnih kozarcev.
f) Čez tortne drobtine z žlico prelijemo plast češnjevega kompota.
g) Na vrh nanesite plast pistacijeve kreme.
h) ne napolnite kozarcev, na vrhu pa dodajte kanček pistacijeve kreme.

# PALICE IN KVADRATKI IZ ŠIFONA

## 85. Palice iz limoninega šifona

## SESTAVINE:

**ZA SKORICO:**
- 1 1/2 skodelice drobtin graham krekerja
- 1/4 skodelice granuliranega sladkorja
- 1/2 skodelice nesoljenega masla, stopljenega

**ZA NADEV:**
- 4 velika jajca, ločena
- 1 skodelica granuliranega sladkorja
- 1/4 skodelice limoninega soka
- 1 žlica limonine lupinice
- 1/4 skodelice večnamenske moke
- Sladkor v prahu, za posipanje (neobvezno)

## NAVODILA:

a) Pečico segrejte na 350 °F (175 °C). Namastite pekač velikosti 9x13 palcev.
b) V skledi za mešanje zmešajte drobtine graham krekerja, sladkor in stopljeno maslo. Zmes enakomerno vtisnite na dno pripravljenega pekača.
c) V drugi skledi za mešanje stepite rumenjake z granuliranim sladkorjem, dokler ne postanejo rahli in puhasti.
d) Mešajte limonin sok in limonino lupinico, dokler se dobro ne povežeta.
e) Postopoma vmešajte moko, dokler ni gladka.
f) V ločeni skledi stepemo beljake v trd sneg.
g) Stepene beljake nežno vmešajte v limonino mešanico, dokler ne ostanejo nobene proge.
h) Zmes limoninega šifona prelijemo čez skorjo v pekaču.
i) Pecite v predhodno ogreti pečici 25-30 minut ali dokler se strdi in na vrhu rahlo zlato zapeče.
j) Odstranite iz pečice in pustite, da se popolnoma ohladi v pekaču.
k) Ko se ohladi, po želji potresemo vrh s sladkorjem v prahu.
l) Narežemo na kvadrate ali palice in postrežemo. Uživajte v pikantnem in osvežilnem okusu teh ploščic iz limoninega šifona!

## 86.Čokoladni šifonski kolački

## SESTAVINE:
### ZA BROWNIE PLAST:
- 1/2 skodelice nesoljenega masla
- 1 skodelica granuliranega sladkorja
- 2 veliki jajci
- 1 čajna žlička vanilijevega ekstrakta
- 1/3 skodelice nesladkanega kakava v prahu
- 1/2 skodelice večnamenske moke
- 1/4 čajne žličke soli
- 1/4 čajne žličke pecilnega praška

### ZA PLAST ŠIFONA:
- 4 velika jajca, ločena
- 3/4 skodelice granuliranega sladkorja
- 1/2 skodelice nesoljenega masla, stopljenega in ohlajenega
- 1/4 skodelice vode
- 1 čajna žlička vanilijevega ekstrakta
- 3/4 skodelice večnamenske moke
- 1/4 čajne žličke vinskega kamna

## NAVODILA:
a) Pečico segrejte na 350 °F (175 °C). Namastite pekač velikosti 9x13 palcev.
b) Za plast brownijev v ponvi na majhnem ognju stopite maslo. Odstranite z ognja in vmešajte sladkor, jajca in vanilijev ekstrakt, dokler se dobro ne poveže.
c) Vmešajte kakav v prahu, moko, sol in pecilni prašek do gladkega.
d) Maso za brownije enakomerno razporedite po dnu pripravljenega pekača.
e) Za šifon plast stepemo rumenjake do gostote in limonine barve. Postopoma stepamo s sladkorjem.
f) Vmešajte stopljeno maslo, vodo in vanilijev ekstrakt, dokler se dobro ne poveže.
g) Postopoma vmešajte moko, dokler ni gladka.
h) V ločeni skledi stepite beljake in vinski kamen, dokler ne nastane čvrst sneg.

i) Stepen beljak nežno vmešajte v šifon testo, dokler ne ostanejo nobene proge.
j) Šifonsko maso prelijemo čez maso za brownije v pekaču.
k) Pecite v predhodno ogreti pečici 30-35 minut ali dokler se strdi in na vrhu rahlo zlato zapeče.
l) Odstranite iz pečice in pustite, da se popolnoma ohladi v pekaču.
m) Ko se ohladi, narežemo na ploščice in postrežemo. Uživajte v dekadentni kombinaciji čokoladnega brownija in lahkih plasti šifona!

# 87. Kokosovi kvadrati iz šifona

**SESTAVINE:**
**ZA SKORICO:**
- 1 1/2 skodelice drobtin graham krekerja
- 1/4 skodelice granuliranega sladkorja
- 1/2 skodelice nesoljenega masla, stopljenega

**ZA NADEV:**
- 4 velika jajca, ločena
- 1 skodelica granuliranega sladkorja
- 1/2 skodelice nesoljenega masla, stopljenega in ohlajenega
- 1 skodelica kokosovega mleka
- 1 čajna žlička vanilijevega ekstrakta
- 1 1/2 skodelice naribanega kokosa

**NAVODILA:**
a) Pečico segrejte na 350 °F (175 °C). Namastite pekač velikosti 9x13 palcev.
b) V skledi za mešanje zmešajte drobtine graham krekerja, sladkor in stopljeno maslo. Zmes enakomerno vtisnite na dno pripravljenega pekača.
c) V drugi posodi za mešanje stepamo rumenjake do gostote in limonine barve. Postopoma stepamo s sladkorjem.
d) Vmešajte stopljeno maslo, kokosovo mleko in vanilijev ekstrakt, dokler se dobro ne poveže.
e) Vmešajte nariban kokos, dokler ni enakomerno porazdeljen.
f) V ločeni skledi stepemo beljake v trd sneg.
g) V kokosovo mešanico nežno vmešajte stepene beljake, dokler ne ostanejo nobene proge.
h) Zmes kokosovega šifona prelijemo čez skorjo v pekaču.
i) Pecite v predhodno ogreti pečici 25-30 minut ali dokler se strdi in na vrhu rahlo zlato zapeče.
j) Odstranite iz pečice in pustite, da se popolnoma ohladi v pekaču.
k) Ko se ohladi, narežemo na kvadrate in postrežemo. Uživajte v tropskem okusu teh kvadratov iz kokosovega šifona!

## 88. Oranžne palice iz šifona

**SESTAVINE:**
**ZA SKORICO:**
- 1 1/2 skodelice drobtin graham krekerja
- 1/4 skodelice granuliranega sladkorja
- 1/2 skodelice nesoljenega masla, stopljenega

**ZA NADEV:**
- 4 velika jajca, ločena
- 1 skodelica granuliranega sladkorja
- 1/2 skodelice sveže iztisnjenega pomarančnega soka
- 1 žlica pomarančne lupinice
- 1/4 skodelice nesoljenega masla, stopljenega in ohlajenega
- 1/4 skodelice večnamenske moke

**NAVODILA:**
a) Pečico segrejte na 350 °F (175 °C). Namastite pekač velikosti 9x13 palcev.
b) V skledi za mešanje zmešajte drobtine graham krekerja, sladkor in stopljeno maslo. Zmes enakomerno vtisnite na dno pripravljenega pekača.
c) V drugi posodi za mešanje stepamo rumenjake do gostote in limonine barve. Postopoma stepamo s sladkorjem.
d) Vmešajte pomarančni sok, pomarančno lupinico, stopljeno maslo in moko, dokler se dobro ne premeša.
e) V ločeni skledi stepemo beljake v trd sneg.
f) V pomarančno zmes nežno vmešajte stepene beljake, dokler ne ostanejo nobene proge.
g) Zmes iz oranžnega šifona prelijemo čez skorjo v pekaču.
h) Pecite v predhodno ogreti pečici 25-30 minut ali dokler se strdi in na vrhu rahlo zlato zapeče.
i) Odstranite iz pečice in pustite, da se popolnoma ohladi v pekaču.
j) Ko se ohladi, narežemo na ploščice in postrežemo. Uživajte v citrusni dobroti teh oranžnih ploščic iz šifona!

## 89. Jagodni šifonski kvadratki

## SESTAVINE:
**ZA SKORICO:**
- 1½ skodelice grahamovih drobtin
- ⅓ skodelice margarine, stopljene

**ZA NADEV:**
- ¾ skodelice vrele vode
- 1 paket jagodnega želeja
- 1 skodelica mleka znamke Eagle (sladkano kondenzirano mleko)
- ⅓ skodelice limoninega soka
- 1 paket zamrznjenih narezanih jagod
- 3 skodelice Miniaturni marshmallows
- ½ pinta stepene smetane

## NAVODILA:
**ZA SKORICO:**
a) Zmešajte drobtine graham napolitank in stopljeno margarino.
b) Mešanico potapkajte po dnu 9 x 13-palčnega pekača.

**ZA NADEV:**
c) V veliki skledi raztopite jagodni žele v vreli vodi.
d) Vmešajte sladkano kondenzirano mleko, limonin sok, zamrznjene narezane jagode in marshmallows.
e) Vmešajte stepeno smetano.
f) Mešanico prelijemo čez drobtin skorjo.
g) Ohladite, dokler se ne strdi, približno 2 uri.

## 90. Key Lime Chiffon Bars

**SESTAVINE:**
**ZA SKORICO:**
- 1 1/2 skodelice drobtin graham krekerja
- 1/4 skodelice granuliranega sladkorja
- 1/2 skodelice nesoljenega masla, stopljenega

**ZA NADEV:**
- 4 velika jajca, ločena
- 1 skodelica granuliranega sladkorja
- 1/2 skodelice sveže iztisnjenega limetinega soka
- 1 žlica ključne limetine lupinice
- 1/4 skodelice nesoljenega masla, stopljenega in ohlajenega
- 1/4 skodelice večnamenske moke

**NAVODILA:**

a) Pečico segrejte na 350 °F (175 °C). Namastite pekač velikosti 9x13 palcev.
b) V skledi za mešanje zmešajte drobtine graham krekerja, sladkor in stopljeno maslo. Zmes enakomerno vtisnite na dno pripravljenega pekača.
c) V drugi posodi za mešanje stepamo rumenjake do gostote in limonine barve. Postopoma stepamo s sladkorjem.
d) Mešajte sok ključne limete , lupinico ključne limete, stopljeno maslo in moko, dokler se dobro ne premeša.
e) V ločeni skledi stepemo beljake v trd sneg.
f) Stepeni beljak nežno vmešamo v ključno zmes limete, dokler ne ostanejo nobene proge.
g) Mešanico ključnega limetino šifona prelijte čez skorjo v pekaču.
h) Pecite v predhodno ogreti pečici 25-30 minut ali dokler se strdi in na vrhu rahlo zlato zapeče.
i) Odstranite iz pečice in pustite, da se popolnoma ohladi v pekaču.
j) Ko se ohladi, narežemo na ploščice in postrežemo. Uživajte v pikantnem in osvežilnem okusu teh ključnih limetino šifonskih ploščic!

## 91. Ananasovi kvadratki iz šifona

**SESTAVINE:**
**ZA SKORICO:**
- 1 1/2 skodelice drobtin graham krekerja
- 1/4 skodelice granuliranega sladkorja
- 1/2 skodelice nesoljenega masla, stopljenega

**ZA NADEV:**
- 4 velika jajca, ločena
- 1 skodelica granuliranega sladkorja
- 1/2 skodelice zdrobljenega ananasa, odcejenega
- 1/4 skodelice nesoljenega masla, stopljenega in ohlajenega
- 1/4 skodelice večnamenske moke

**NAVODILA:**
a) Pečico segrejte na 350 °F (175 °C). Namastite pekač velikosti 9x13 palcev.
b) V skledi za mešanje zmešajte drobtine graham krekerja, sladkor in stopljeno maslo. Zmes enakomerno vtisnite na dno pripravljenega pekača.
c) V drugi posodi za mešanje stepamo rumenjake do gostote in limonine barve. Postopoma stepamo s sladkorjem.
d) Vmešajte zdrobljen ananas in stopljeno maslo, dokler se dobro ne povežeta.
e) Postopoma vmešajte moko, dokler ni gladka.
f) V ločeni skledi stepemo beljake v trd sneg.
g) Stepene beljake nežno vmešajte v ananasovo mešanico, dokler ne ostanejo nobene proge.
h) Zmes ananasovega šifona prelijemo čez skorjo v pekaču.
i) Pecite v predhodno ogreti pečici 25-30 minut ali dokler se strdi in na vrhu rahlo zlato zapeče.
j) Odstranite iz pečice in pustite, da se popolnoma ohladi v pekaču.
k) Ko se ohladi, narežemo na kvadrate in postrežemo. Uživajte v tropskem okusu teh ananasovih kvadratov iz šifona!

## 92. Palice iz mešanega jagodičastega šifona

**SESTAVINE:**
**ZA SKORICO:**
- 1 1/2 skodelice drobtin graham krekerja
- 1/4 skodelice granuliranega sladkorja
- 1/2 skodelice nesoljenega masla, stopljenega

**ZA NADEV:**
- 4 velika jajca, ločena
- 1 skodelica granuliranega sladkorja
- 1 skodelica mešanega jagodičevja (kot so maline, borovnice in robide)
- 1/4 skodelice nesoljenega masla, stopljenega in ohlajenega
- 1/4 skodelice večnamenske moke

**NAVODILA:**
a) Pečico segrejte na 350 °F (175 °C). Namastite pekač velikosti 9x13 palcev.
b) V skledi za mešanje zmešajte drobtine graham krekerja, sladkor in stopljeno maslo. Zmes enakomerno vtisnite na dno pripravljenega pekača.
c) V drugi posodi za mešanje stepamo rumenjake do gostote in limonine barve. Postopoma stepamo s sladkorjem.
d) Vmešajte mešane jagode in stopljeno maslo, dokler se dobro ne poveže.
e) Postopoma vmešajte moko, dokler ni gladka.
f) V ločeni skledi stepemo beljake v trd sneg.
g) Stepen beljak nežno vmešamo v mešanico jagodičja, dokler ne ostanejo nobene proge.
h) Premešano mešanico jagodičastega šifona prelijemo čez skorjo v pekaču.
i) Pecite v predhodno ogreti pečici 25-30 minut ali dokler se strdi in na vrhu rahlo zlato zapeče.
j) Odstranite iz pečice in pustite, da se popolnoma ohladi v pekaču.
k) Ko se ohladi, narežemo na ploščice in postrežemo. Uživajte v izbruhu okusa jagodičja v teh ploščicah iz šifona z mešanim jagodičevjem!

# ŠIFON KRUH

## 93. Šifon bananin kruh

**SESTAVINE:**
- 2 skodelici večnamenske moke
- 1 čajna žlička pecilnega praška
- 1/2 čajne žličke sode bikarbone
- 1/2 čajne žličke soli
- 3 zrele banane, pretlačene
- 3/4 skodelice granuliranega sladkorja
- 1/2 skodelice rastlinskega olja
- 3 velika jajca, ločena
- 1/4 skodelice mleka
- 1 čajna žlička vanilijevega ekstrakta

**NAVODILA:**
a) Pečico segrejte na 350 °F (175 °C). Namastite in pomokajte 9x5-palčni pekač za štruce.
b) V veliko skledo presejte moko, pecilni prašek, sodo bikarbono in sol.
c) V drugi skledi stepite pretlačene banane, granulirani sladkor, rastlinsko olje, rumenjake, mleko in vanilijev ekstrakt, dokler se dobro ne premešajo.
d) Bananini mešanici postopoma dodajajte suhe sestavine in mešajte, dokler se le ne povežejo.
e) V ločeni skledi stepemo beljake v trd sneg.
f) Stepene beljake nežno vmešajte v bananino maso, dokler ne ostanejo nobene proge.
g) Testo vlijemo v pripravljen pekač in po vrhu zgladimo z lopatko.
h) Pecite 50-60 minut ali dokler zobotrebec, ki ga zapičite v sredino, ne izstopi čist.
i) Odstranite iz pečice in pustite, da se ohladi v pekaču 10 minut, preden ga prestavite na rešetko, da se popolnoma ohladi.
j) Narežite in postrezite šifon bananin kruh ter uživajte!

## 94. Šifon limonin kruh

**SESTAVINE:**
- 2 skodelici moke za torte
- 1 1/2 žličke pecilnega praška
- 1/4 čajne žličke sode bikarbone
- 1/2 čajne žličke soli
- Lupina 2 limon
- 1/2 skodelice nesoljenega masla, zmehčanega
- 1 skodelica granuliranega sladkorja
- 3 velika jajca, ločena
- 1/4 skodelice limoninega soka
- 1/2 skodelice mleka
- 1 čajna žlička vanilijevega ekstrakta

**NAVODILA:**
a) Pečico segrejte na 350 °F (175 °C). Namastite in pomokajte 9x5-palčni pekač za štruce.
b) V skledo presejemo moko za torte, pecilni prašek, sodo bikarbono in sol. Vmešajte limonino lupinico.
c) V drugi skledi penasto stepite zmehčano maslo in kristalni sladkor.
d) Enega za drugim stepemo rumenjake, nato vmešamo limonin sok in vanilijev ekstrakt.
e) Postopoma dodajte suhe sestavine k mokrim sestavinam, izmenično z mlekom, in mešajte, dokler se dobro ne poveže.
f) V ločeni skledi stepemo beljake v trd sneg.
g) Stepene beljake nežno vmešajte v testo, dokler ne ostanejo nobene proge.
h) Testo vlijemo v pripravljen pekač in po vrhu zgladimo z lopatko.
i) Pecite 45-55 minut ali dokler zobotrebec, ki ga zapičite v sredino, ne izstopi čist.
j) Odstranite iz pečice in pustite, da se ohladi v pekaču 10 minut, preden ga prestavite na rešetko, da se popolnoma ohladi.
k) Šifon limonin kruh narežite in postrezite ter uživajte v svetlem in pikantnem okusu!

## 95.Šifon bučni kruh

**SESTAVINE:**
- 1 3/4 skodelice večnamenske moke
- 1 čajna žlička sode bikarbone
- 1/2 čajne žličke pecilnega praška
- 1/2 čajne žličke soli
- 1 čajna žlička mletega cimeta
- 1/2 čajne žličke mletega ingverja
- 1/4 čajne žličke mletega muškatnega oreščka
- 1/4 čajne žličke mletih nageljnovih žbic
- 1 skodelica konzerviranega bučnega pireja
- 1 skodelica granuliranega sladkorja
- 1/2 skodelice rastlinskega olja
- 2 veliki jajci, ločeni
- 1/4 skodelice vode
- 1 čajna žlička vanilijevega ekstrakta

**NAVODILA:**
a) Pečico segrejte na 350 °F (175 °C). Namastite in pomokajte 9x5-palčni pekač za štruce.
b) V skledo presejte moko, sodo bikarbono, pecilni prašek, sol, cimet, ingver, muškatni oreščak in nageljnove žbice.
c) V drugi skledi zmešajte bučni pire, granulirani sladkor, rastlinsko olje, rumenjake, vodo in vanilijev ekstrakt, dokler se dobro ne premeša.
d) Postopoma dodajajte suhe sestavine mokrim sestavinam in mešajte, dokler se le ne povežejo.
e) V ločeni skledi stepemo beljake v trd sneg.
f) Stepene beljake nežno vmešajte v testo, dokler ne ostanejo nobene proge.
g) Testo vlijemo v pripravljen pekač in po vrhu zgladimo z lopatko.
h) Pecite 50-60 minut ali dokler zobotrebec, ki ga zapičite v sredino, ne izstopi čist.
i) Odstranite iz pečice in pustite, da se ohladi v pekaču 10 minut, preden ga prestavite na rešetko, da se popolnoma ohladi.
j) Narežite in postrezite šifon bučni kruh ter uživajte v toplih in prijetnih okusih jeseni!

## 96. Kruh s šifonsko čokolado

## SESTAVINE:

- 1 3/4 skodelice večnamenske moke
- 1 čajna žlička pecilnega praška
- 1/2 čajne žličke sode bikarbone
- 1/2 čajne žličke soli
- 1/4 skodelice nesladkanega kakava v prahu
- 1/2 skodelice granuliranega sladkorja
- 1/4 skodelice rastlinskega olja
- 1 skodelica pinjenca
- 2 veliki jajci, ločeni
- 1 čajna žlička vanilijevega ekstrakta

## NAVODILA:

a) Pečico segrejte na 350 °F (175 °C). Namastite in pomokajte 9x5-palčni pekač za štruce.
b) V skledo presejemo moko, pecilni prašek, sodo bikarbono in sol.
c) V drugi skledi zmešajte kakav v prahu, granulirani sladkor, rastlinsko olje, pinjenec, jajčne rumenjake in vanilijev ekstrakt, dokler se dobro ne premešajo.
d) Postopoma dodajajte suhe sestavine mokrim sestavinam in mešajte, dokler se le ne povežejo.
e) V ločeni skledi stepemo beljake v trd sneg.
f) Stepene beljake nežno vmešajte v testo, dokler ne ostanejo nobene proge.
g) Polovico testa vlijemo v pripravljen pekač.
h) Na čokoladno maso dodajte kepice preostalega testa.
i) Z nožem ali nabodalom zavrtite testo skupaj, da ustvarite učinek marmoriranja.
j) Pecite 50-60 minut ali dokler zobotrebec, ki ga zapičite v sredino, ne izstopi čist.
k) Odstranite iz pečice in pustite, da se ohladi v pekaču 10 minut, preden ga prestavite na rešetko, da se popolnoma ohladi.
l) Narežite in postrezite šifonski čokoladni kruh ter uživajte v bogatih in prijetnih okusih čokolade!

# ŠIFONSKI PIŠKOTI

## 97. Šifon limonini piškoti

**SESTAVINE:**
- 2 skodelici večnamenske moke
- 1 čajna žlička pecilnega praška
- 1/4 čajne žličke soli
- 1/2 skodelice nesoljenega masla, zmehčanega
- 1 skodelica granuliranega sladkorja
- 2 veliki jajci, ločeni
- Lupina 1 limone
- 1 žlica limoninega soka
- 1 čajna žlička vanilijevega ekstrakta

**NAVODILA:**
a) Pečico segrejte na 350 °F (175 °C). Pekače obložite s pergamentnim papirjem.
b) V skledo presejemo moko, pecilni prašek in sol.
c) V drugi skledi penasto stepite zmehčano maslo in kristalni sladkor.
d) Stepite rumenjake enega za drugim, nato vmešajte limonino lupinico, limonin sok in vanilijev ekstrakt.
e) Postopoma dodajte suhe sestavine k mokrim sestavinam in mešajte, dokler se dobro ne poveže.
f) V ločeni skledi stepemo beljake v trd sneg.
g) Stepene beljake nežno vmešajte v testo, dokler ne ostanejo nobene proge.
h) Na pripravljene pekače z žlicami polagajte testo tako, da jih razmaknete približno 2 cm narazen.
i) Pečemo 10-12 minut ali dokler robovi niso rahlo zlati.
j) Odstranite iz pečice in pustite, da se nekaj minut ohladi na pekaču, preden ga prestavite na rešetko, da se popolnoma ohladi.
k) Uživajte v lahkem in pikantnem okusu teh šifonskih limoninih piškotov!

## 98.Šifon čokoladni piškoti

**SESTAVINE:**
- 2 skodelici večnamenske moke
- 1 čajna žlička sode bikarbone
- 1/2 čajne žličke soli
- 1/2 skodelice nesoljenega masla, zmehčanega
- 1/2 skodelice granuliranega sladkorja
- 1/2 skodelice pakiranega rjavega sladkorja
- 2 veliki jajci, ločeni
- 1 čajna žlička vanilijevega ekstrakta
- 1 skodelica polsladkih čokoladnih koščkov

**NAVODILA:**
a) Pečico segrejte na 375 °F (190 °C). Pekače obložite s pergamentnim papirjem.
b) V skledo presejemo moko, sodo bikarbono in sol.
c) V drugi skledi stepamo zmehčano maslo, kristalni sladkor in rjavi sladkor, dokler ne postane svetlo in puhasto.
d) Enega za drugim stepemo rumenjake, nato pa vmešamo vaniljev ekstrakt.
e) Postopoma dodajte suhe sestavine k mokrim sestavinam in mešajte, dokler se dobro ne poveže.
f) V ločeni skledi stepemo beljake v trd sneg.
g) Stepene beljake in koščke čokolade nežno vmešajte v testo, da se enakomerno porazdelijo.
h) Na pripravljene pekače z žlicami polagajte testo tako, da jih razmaknete približno 2 cm narazen.
i) Pečemo 8-10 minut ali dokler robovi niso rahlo zlati.
j) Odstranite iz pečice in pustite, da se nekaj minut ohladi na pekaču, preden ga prestavite na rešetko, da se popolnoma ohladi.
k) Uživajte v mehki in žvečljivi teksturi teh šifonastih piškotov s čokoladnimi koščki!

## 99.Mandljevi piškoti iz šifona

**SESTAVINE:**
- 1 1/2 skodelice večnamenske moke
- 1/2 skodelice mandljeve moke
- 1/2 čajne žličke pecilnega praška
- 1/4 čajne žličke soli
- 1/2 skodelice nesoljenega masla, zmehčanega
- 1/2 skodelice granuliranega sladkorja
- 2 veliki jajci, ločeni
- 1 čajna žlička mandljevega ekstrakta
- Narezani mandlji, za preliv

**NAVODILA:**
a) Pečico segrejte na 350 °F (175 °C). Pekače obložite s pergamentnim papirjem.
b) V skledo presejte večnamensko moko, mandljevo moko, pecilni prašek in sol.
c) V drugi skledi penasto stepite zmehčano maslo in kristalni sladkor.
d) Stepite rumenjake enega za drugim, nato vmešajte mandljev ekstrakt.
e) Postopoma dodajte suhe sestavine k mokrim sestavinam in mešajte, dokler se dobro ne poveže.
f) V ločeni skledi stepemo beljake v trd sneg.
g) Stepene beljake nežno vmešajte v testo, dokler ne ostanejo nobene proge.
h) Na pripravljene pekače z žlicami polagajte testo tako, da jih razmaknete približno 2 cm narazen.
i) Vsak piškot rahlo sploščite s hrbtno stranjo žlice in na vrh položite narezane mandlje.
j) Pečemo 10-12 minut ali dokler robovi niso rahlo zlati.
k) Odstranite iz pečice in pustite, da se nekaj minut ohladi na pekaču, preden ga prestavite na rešetko, da se popolnoma ohladi.
l) Uživajte v nežnem mandljevem okusu in hrustljavi teksturi teh šifonastih mandljevih piškotov!

# 100.Šifon Kokosovi piškoti

**SESTAVINE:**
- 1 1/2 skodelice večnamenske moke
- 1/2 skodelice naribanega kokosa
- 1/2 čajne žličke pecilnega praška
- 1/4 čajne žličke soli
- 1/2 skodelice nesoljenega masla, zmehčanega
- 1/2 skodelice granuliranega sladkorja
- 2 veliki jajci, ločeni
- 1 čajna žlička vanilijevega ekstrakta

**NAVODILA:**
a) Pečico segrejte na 350 °F (175 °C). Pekače obložite s pergamentnim papirjem.
b) V sklede presejemo moko, nastrgan kokos, pecilni prašek in sol.
c) V drugi skledi penasto stepite zmehčano maslo in kristalni sladkor.
d) Enega za drugim stepemo rumenjake, nato pa vmešamo vaniljev ekstrakt.
e) Postopoma dodajte suhe sestavine k mokrim sestavinam in mešajte, dokler se dobro ne poveže.
f) V ločeni skledi stepemo beljake v trd sneg.
g) Stepene beljake nežno vmešajte v testo, dokler ne ostanejo nobene proge.
h) Na pripravljene pekače z žlicami polagajte testo tako, da jih razmaknete približno 2 cm narazen.
i) Pečemo 10-12 minut ali dokler robovi niso rahlo zlati.
j) Odstranite iz pečice in pustite, da se nekaj minut ohladi na pekaču, preden ga prestavite na rešetko, da se popolnoma ohladi.
k) Uživajte v tropskem okusu in žvečljivi teksturi teh šifon kokosovih piškotov!

# ZAKLJUČEK

Ko se bližamo koncu naše pustolovščine s šifonom, upam, da je ta kuharska knjiga podžgala vašo strast do ustvarjanja lahkih, zračnih in dekadentnih užitkov v vaši kuhinji. S temi 100 izvrstnimi recepti smo raziskali nežno umetnost in vsestransko naravo šifona ter preproste sestavine spremenili v izjemne kulinarične mojstrovine. Ne glede na to, ali si privoščite kos puhaste šifonove torte, uživate v žlički svilnatega šifonovega moussea ali uživate v grižljaju elegantne šifonove pite, je bil vsak recept skrbno oblikovan, da prinese veselje in zadovoljstvo vsakemu okusu.

Iz srca se vam zahvaljujem, da ste se mi pridružili na tej kulinarični poti. Zaradi vašega navdušenja in predanosti obvladovanju umetnosti peke šifona je bila ta avantura res posebna. Naj vas spretnosti in tehnike, ki ste se jih naučili iz te kuharske knjige, še naprej navdihujejo pri ustvarjanju okusnih kreacij iz šifona, ki jih boste delili z družino in prijatelji.

Ko nadaljujete z raziskovanjem sveta peke iz šifona, naj bo vaša kuhinja napolnjena z mamljivimi aromami sveže pečenih tort, nežnimi teksturami svilnatih moussov in izvrstnimi okusi elegantnih pit. Naj vam vsaka kreacija iz šifona privabi nasmeh na obraz in toplino v vaše srce ter vas spomni na lepoto in veselje, ki ju lahko najdete v pekarski umetnosti.

Še enkrat hvala, ker ste mi dovolili biti del vašega šifonskega potovanja. Dokler se spet ne srečamo, naj bodo vaši dnevi napolnjeni s sladkostjo, lahkotnostjo in nepogrešljivo eleganco šifona . Prijetno peko in naj vaše kulinarične dogodivščine še naprej navdihujejo in razveseljujejo!

www.ingramcontent.com/pod-product-compliance
Lightning Source LLC
Chambersburg PA
CBHW050019130526
44590CB00042B/959